ANA BISNETHO DE MOURA

NAS ASAS
—— DA ——
CORAGEM

Histórias de Desafios
e Superações

Copyright © 2024
by Ana Bisneto de Moura

Coordenação Editorial: **Ofício das Palavras**
Revisão: **Ofício das Palavras**
Projeto Gráfico, Capa, Diagramação: **Tatiane Lima**

Direitos desta edição reservados à
Ofício das Palavras editora e estúdio literário

12241- 000 São José dos Campos, SP
Telefones:(12) 99715-1888 / (11) 99976-2692
contato@oficiodaspalavras.com.br
www.oficiodaspalavras.com.br
@oficio_das_palavras
@oficiodaspalavras

Printed in Brazil/Impresso no Brasil

Dados Internacionais de Catalogação na Publicação (CIP)
(eDOC BRASIL, Belo Horizonte/MG)

M929n
Moura, Ana Bisneto de.
Nas asas da coragem / Ana Bisneto de Moura. – São José dos Campos, SP: Ofício das Palavras, 2024.
14 x 21 cm

ISBN 978-65-5201-013-1

1. Autoconhecimento. 2. Mulheres – Resiliência. 3. Técnicas de autoajuda. I. Título.
CDD 158.1

DEDICATÓRIA

Dedico este livro à memória de minha mãe e de meu pai, as pessoas que mais amei nesta vida. Foram um presente de Deus para mim.

AGRADECIMENTOS

Agradeço em primeiro lugar a Deus, por ter me dado sabedoria e persistência para transformar esta história em inspiração para as pessoas que enfrentam desafios.

Obrigada à minha família, em especial, a meus irmãos e irmãs que contribuíram com este projeto, tornando este livro uma realidade.

Sou grata aos meus pais, que hoje não se encontram entre nós, pelos valores, princípios e bons exemplos que deixaram aos seus filhos.

SUMÁRIO

DEDICATÓRIA 5
AGRADECIMENTOS 7
PREFÁCIO 13
INTRODUÇÃO 17

CAPÍTULO 1 O PRIMEIRO CASAMENTO **18**
A família 20
Casamento arranjado 22
O sarampo 25
O pequeno presente 29
A força de uma mãe 33
Praticar o amor é simples 36

CAPÍTULO 2 O SEGUNDO CASAMENTO **38**
O amor pelo filho 39
A pneumonia 43
A busca por uma vida melhor 47
O "milagre econômico" 50
Tempestade de verão 51
O leite materno 52
Novo Trabalho 53
Nova mudança 57
A linha de pobreza 58
A partida do pai 61
A noite que mudou minha vida 63
Praticar o amor é simples 66

CAPÍTULO 3 RECOMEÇO **68**
As cuidadoras 73
O subconsciente 79
O prazer de dar presentes 81
A sua única renda 83
O sonho de conhecer o mar 85
Seu hobby 91
Os benefícios da leitura 92
O amigo secreto 94
Últimas comemorações 95
Praticar o amor é simples 99

CAPÍTULO 4 A PARTIDA PARA O CÉU **102**
O hospital 103
As visitas 107
Praticar o amor é simples 115

CAPÍTULO 5 AME SEUS PAIS **118**
Três coisas que os filhos devem ter pela mãe e pelo pai 122
Aumento da população idosa no Brasil 127
Praticar o amor é simples 131

CAPÍTULO 6 DEPOIMENTO DOS FILHOS **134**
Zenildo 135
Magnólia 137
Joselino 139
Egmar 145
Josino 147
Guiomar 151

REFERÊNCIAS **155**

PREFÁCIO

"Ainda que eu fale as línguas dos homens e dos anjos, se não tiver amor, serei como o sino que ressoa ou como o prato que retine.

Ainda que eu tenha o dom de profecia e saiba todos os mistérios e todo o conhecimento, e tenha uma fé capaz de mover montanhas, mas não tiver amor, nada serei.

Ainda que eu dê aos pobres tudo o que possuo e entregue o meu corpo para ser queimado, mas não tiver amor, nada disso me valerá.

O amor é paciente, o amor é bondoso. Não inveja, não se vangloria, não se orgulha.

Não maltrata, não procura seus interesses, não se ira facilmente, não guarda rancor.

O amor não se alegra com a injustiça, mas se alegra com a verdade. Tudo sofre, tudo crê, tudo espera, tudo suporta.

O amor nunca perece; mas as profecias desaparecerão, as línguas cessarão, o conhecimento passará.

Pois em parte conhecemos e em parte profetizamos; quando, porém, vier o que é perfeito, o que é imperfeito desaparecerá.

Quando eu era menino, falava como menino, pensava como menino e raciocinava como menino. Quando me tornei homem, deixei para trás as coisas de menino.

Agora, pois, vemos apenas um reflexo obscuro, como em espelho; mas, então, veremos face a face. Agora conheço em parte; então, conhecerei plenamente, da mesma forma como sou plenamente conhecido.

Assim, permanecem agora estes três: a fé, a esperança e o amor. O maior deles, porém, é o amor.

(1 Coríntios 13:1-13 – NVI – Nova Versão Internacional)

A construção deste livro foi alicerçada no amor incondicional, exteriorizado pela dedicação e cuidados constantes de Ana com Dona Lurdes, principalmente nos últimos anos de vida desta.

Foi dessa relação intensa entre mãe e filha, arraigada no respeito mútuo e sem condicionantes, que o amor prosperou, enriqueceu, solidificou e busca a sua eternização, registrando, por meio de narrativas, passagens marcantes na vida da grande mulher, com contribuição de todos os seus filhos, autores da própria história.

Se o que fazemos é baseado no amor, as nossas ações terão grande valor, uma vez que o verdadeiro amor não cobra, não espera, não condiciona, apenas dá. Amor é decisão.

O leitor se deparará com a narrativa da saga de uma mulher simples, forte, justa e dotada de uma sabedoria própria de quem enfrentou momentos difíceis, os superou e saiu vitoriosa, e servirá de exemplo e inspiração para quem, em momentos difíceis, deixa de acreditar no possível, na superação.

Guiomar Bisneto de Moura

INTRODUÇÃO

Este livro conta a história de incontáveis desafios e superações de uma mulher, esposa e mãe, que se tornou cada vez mais resiliente, utilizando a força interior, o amor e a fé para buscar um novo sentido de vida.

Com certeza muitas pessoas tiveram uma vida parecida com a dela, se superaram e venceram, porém, muitas outras se deixam levar pela vitimização e pela falta de esperança.

Que esta história sirva para contribuir com aqueles que precisam encontrar um novo sentido na vida, que utilizem sua força interior e fé para vencer.

Além disso, demonstra a mãe dedicada, amorosa e fraterna com seus filhos, com sua família e a reciprocidade de seus filhos com ela, nos momentos de alegria e de dor.

É preciso fortalecer os laços familiares, ter amor, respeito, carinho um pelo outro. Família é a nossa base, o nosso porto seguro.

Honrar nossos pais em quaisquer situações. Em vida, ou mesmo se estão em outro plano Divino, se são conhecidos ou não, se são cheios de virtudes ou não, pois a eles devemos a vida.

A mãe faz sacrifícios e renúncias a favor de seus filhos porque deseja a felicidade e o bem-estar deles. Sejamos mais compreensivos, retribuindo em vida tudo que ela fez e faz por nós.

Boa leitura! Boa reflexão!

CAPÍTULO 1

O primeiro
casamento

*Para as mulheres da época, o
casamento era imprescindível, era o
"passaporte para uma nova vida".*

NAS ASAS DA CORAGEM

Maria de Lourdes, conhecida como Dona Lurdes, nasceu em 14 de fevereiro de 1923, em Poxoréo, estado de Mato Grosso. Foi a terceira filha de uma família de 12 irmãos. Negra, cabelos crespos, estatura mediana. Linda por dentro e por fora.

Os adjetivos que caracterizam sua personalidade são os que trazem com clareza o fato de ter sido justa, honesta e íntegra. Era muito exigente na educação dos filhos, trazia-os em rédea curta, mas tinha um coração imenso.

Apesar da rigidez, demonstrava profundo amor e cuidado, sempre disposta a sacrificar-se pelo bem-estar e sucesso dos seus. Sua disciplina era acompanhada por uma generosidade inabalável, oferecendo apoio incondicional e sábios conselhos.

Teve uma infância com muitas dificuldades, principalmente, financeiras. Foi criada sob uma educação rígida. Naqueles tempos, os filhos deviam obediência irrestrita aos pais e não podiam contrariá-los, sob pena de sofrerem severos castigos.

Nesse contexto, é importante reconhecer que obedecer aos pais é um mandamento direto de Deus. De acordo com Efésios, a obediência aos pais está intimamente ligada ao ato de honrá-los, o que envolve uma atitude de respeito. Honrar os pais vai além de uma obediência relutante e não voluntária; trata-se de uma postura respeitosa e sincera.

Provérbios ensina que aqueles que escutam seus pais ganham sabedoria e o desígnio de Deus é que as crianças aprendam a honrar e a obedecer aos pais enquanto crescem, para que possam viver com sabedoria.

À medida que aprendem respeito em casa, as crianças também passam a respeitar outras pessoas. Assim como elas têm a responsabilidade de obedecer aos seus pais, estes têm o dever de educar seus filhos com princípios e valores que favoreçam boas relações.

A família

A família era muito humilde, as condições econômicas precárias, era impraticável a manutenção da educação dos filhos, principalmente, por morar em área rural, onde não existia escola para as crianças.

Dona Lurdes e a irmã mais velha foram levadas para um internato de freiras, por influência de sua tia que trabalhava no local. Permaneceram estudando por cerca de cinco anos.

Mais adiante, as outras três irmãs mais jovens foram, também, estudar no internato. Nesse período, tiveram a visita do pai apenas uma vez, pois o local era distante e o único meio de transporte era o cavalo.

Nesse colégio, as regras de convivência eram muito rígidas, com muita disciplina, sobretudo quanto aos estudos. Para permanecer nele, as tarefas iam além dos estudos, incluíam os afazeres domésticos, bem como ajudar na produção de alimentos para o consumo das alunas.

Ela estudou até o quarto ano primário, aprendeu o essencial, ler e escrever, muito útil durante sua vida; apesar do pouco estudo, tinha uma grande sabedoria de como se relacionar e enfrentar os desafios da vida.

Amava seus pais e todos os irmãos, e levar a vida distante deles trazia muitas lembranças e saudades. O seu maior desejo era voltar para sua casa o mais depressa possível, mas tinha a consciência de que precisava estudar.

Como onde morava não tinha escola, ela se contentava com o estudo que recebia, afinal, era considerado ótimo.

Distante dos pais e dos demais irmãos, se consolava com a irmã mais velha. Em poucos anos, após ter voltado para casa, a sua mãe faleceu quando ela tinha apenas 13 anos. Foi a primeira grande perda da vida.

A morte da sua mãe ocorreu em razão de complicações no parto dos gêmeos caçulas da família, dadas as dificuldades sanitárias e o atendimento médico inexistente. Os partos eram realizados em casa por parteira.

Foram momentos angustiantes, que causaram muita dor e sofrimento, tanto para sua mãe, em trabalho de parto, quanto para o restante da família, que nada podia fazer. A luta pela vida foi intensa e silenciosa. Ao falecer, deixou 12 filhos, sete homens e cinco mulheres.

Dona Lurdes, adolescente com pouca experiência, não tinha noção do que significava "dar vida", mas sentia muita dor pela perda de alguém da família, e por amor, padecia com o sofrimento da mãe.

Não raras vezes, se via impotente, seja pelas condições, seja pela inexperiência da pouca idade.

Com a morte da mãe de Dona Lurdes, seu pai passou a ser o único responsável pela criação e educação dos filhos, sempre com a ajuda dos mais velhos. Dotado de uma personalidade forte, ele era muito sistemático e cobrava muito dos filhos, inclusive para ajudar nos trabalhos da roça, desde muito pequenos, impondo certas tarefas, como a de vigiar e tocar os pássaros que insistiam em comer os frutos da plantação.

A figura paterna complementa a materna e desempenha um papel crucial na estruturação emocional dos filhos e na sua inserção na sociedade. Enquanto a figura materna está associada ao cuidado, a figura paterna geralmente está relacionada à proteção. A ausência da figura paterna pode levar os filhos a se sentirem inseguros e até agressivos.

Segundo Walsh, 1995, a família vivencia e reage à perda como um sistema de relações no qual todos os membros participam de interações mutuamente reforçadoras.

A perda de um ente tão querido como a mãe tem implicações na forma como a família vai se adaptar a experiências posteriores e os padrões postos em ação quando têm um impacto imediato e ramificações de longo prazo no desenvolvimento familiar.

Casamento arranjado

Poucos anos depois de perder sua mãe, Dona Lurdes se casou com apenas 16 anos. Não conhecia o seu futuro esposo, pois se tratava de um casamento arranjado pela sua avó materna e seu pai, que acreditavam estar fazendo o melhor por ela. Essa prática de união ainda era comum.

Não houve namoro, não houve tempo de conhecer o futuro esposo. Tampouco teve sua escolha. O que poderia fazer? Nada! Só lhe restava aceitar.

Aliás, foi uma escolha e decisão de seu pai e de sua avó materna.

O casamento arranjado é um casamento em que a iniciativa de selar a união não parte dos noivos ou, pelo menos, não parte da vontade mútua dos nubentes, mas de seus pais ou de outra pessoa responsável.

Embora não tenha sido o motivo que levou ao seu casamento, a história nos revela que essa prática era muito comum no passado, geralmente, por motivos políticos ou financeiros dos pais, e que ainda hoje persiste em algumas sociedades, notadamente na Índia e em regiões adjacentes.

Como toda mulher, Dona Lurdes, apesar de adolescente, tinha sonhos de realizar um bom casamento, de ter uma vida confortável e feliz. Tinha esperanças de que com o casamento sua vida melhoraria e seria uma oportunidade de ter alguém para conviver e formar uma nova família.

Porém, ela não tinha noção de como seria sua vida de casada, aliás, não sabia o que significava casamento. Nem qual era o seu papel de esposa, pois não obteve qualquer informação, mesmo que básica, de uma relação íntima entre um homem e uma mulher. Aprendeu vivendo.

Era uma adolescente sofrida e marcada pela dor da perda da mãe, mas cultivava a esperança dentro de si. Tinha consciência de que a vida continuava e precisava de forças para enfrentar os desafios. E, era dessa forma que se mantinha de pé, pela necessidade de sobrevivência.

Apesar do sofrimento, encontrou na resiliência uma aliada, mantendo viva a chama da esperança e acreditando em dias melhores, sempre determinada a transformar a dor em força e o luto em motivação para construir um futuro mais promissor.

Encontrava forças ocultas em si e, a cada passo, resplandecia uma mulher forte, vigorosa e obstinada. A vida não deu alternativa, a partir daí, sem mãe, sem trabalho, com poucas condições para sobreviver, restava a convivência com um marido arranjado, um estranho, para conviver.

Casou-se.

Foi um casamento simples, sem vestido de noiva, sem convidados, sem festa, apenas com a presença do pai e de alguns irmãos diante de um padre que abençoou o seu casamento.

Mesmo sem experiência, sem amor, acompanhou o marido, cumprindo com seu papel de esposa, tornando-se uma verdadeira "dona de casa". Seu marido era um homem de estatura média, cor parda, cabelos ondulados, forte, um verdadeiro "caboclo" e de temperamento forte, além de ser muito machista e metido a valentão. Era um trabalhador, sem posses.

Os infortúnios do casamento não demoraram a ocorrer, as traições do marido, brigas e muito sofrimento. Moravam distante de tudo e de todos, o que tornava a situação ainda mais difícil.

Em geral, as consequências físicas e psicológicas de um casamento arranjado são variadas e graves. Uma menina que se casa muito jovem ainda não está plenamente desenvolvida física e emocionalmente, o que a torna mais vulnerável à violência e aos abusos por parte do marido. Essas situações podem ter consequências extremas, chegando até a resultar em morte.

A sua única diversão era, ocasionalmente, participar de bailes nas fazendas. Ela contava que na sua juventude gostava muito de dançar e que, às vezes, passava a noite no baile, mesmo cansada do trabalho, era um momento de diversão.

A solidão aumentava a dor, e a ausência de apoio familiar dava a sensação de isolamento. No entanto, ela procurava manter a dignidade e a força, apesar das circunstâncias desoladoras.

Desse casamento nasceram dois filhos, Dalvina e José, que trouxeram muita alegria e vieram preencher o vazio que sentia. Mãe zelosa e protetora, era muito dedicada aos cuidados dos filhos. Quando estavam com cinco e um ano, respectivamente, foram infectados pelo vírus do sarampo.

A doença trouxe grande preocupação, mas ela não poupou esforços para cuidar deles com todo o carinho e dedicação. Enfrentou esse desafio com coragem, fazendo tudo o que estava ao seu alcance para garantir a recuperação e o bem-estar de seus filhos, fortalecendo ainda mais os laços de amor e proteção que os uniam.

O sarampo

Moravam distante da cidade e sem acesso à saúde pública. Só havia benzedeiros e remédios extraídos da natureza. Havia muito pouco ou quase nada a fazer. Impotência absoluta!

Cada dia era uma batalha, marcada por ansiedade, mas também por um amor incansável. A situação precária e a falta de recursos tornaram o desafio ainda mais árduo, mas seu espírito resiliente e sua dedicação inabalável foram fundamentais para enfrentar essa dura realidade.

Com poucos dias do surgimento da doença, ela perdeu seus dois filhos queridos. A menina Dalvina faleceu de manhã e o menino José, à tarde. Foi intenso o sofrimento, vendo seus dois filhos amados morrerem no mesmo dia.

Ela contava que sua filha pediu uma laranja; ela pegou a laranja, descascou e a deu. Essa fruta foi o motivo para "recolher o sarampo", como dizia e acreditava que levou sua filha a óbito. Nesse momento ela se sentiu perdida e desesperada, mas tinha que tirar forças para cuidar do outro filho, que também estava com sarampo.

O pai das crianças foi até o povoado para comprar a mortalha da filha, um tecido para envolver o cadáver para o sepultamento, já que naquela época não utilizavam caixão. Quando ele retornou à tarde, descobriu que o outro filho também havia falecido, aumentando ainda mais a tragédia e a dor daquela família.

Ela mergulhou numa grande tristeza e desolação. O vazio deixado pela perda dos filhos era profundo, ela carregou essa dor consigo, enfrentando um luto que parecia não ter fim.

Foram muitos porquês sem respostas. A perda de um filho é uma das dores mais profundas e devastadoras que um ser humano pode enfrentar. Perder dois filhos no mesmo dia é inimaginável e pode parecer insuportável. Mesmo assim, a força interior que sempre a caracterizou permaneceu, permitindo-lhe continuar a viver e honrar a memória de Dalvina e José.

A resiliência é a capacidade de se adaptar e recuperar. Muitas mães encontram uma força interior que não sabiam que possuíam.

Não existia vacina contra o sarampo no Brasil, que só foi introduzida na década de 1960 e sua implementação efetiva ocorreu em 1973, após criação do Programa Nacional de Imunizações (PNI).

O sarampo é uma doença infecciosa grave e altamente contagiosa, transmitida por meio de gotículas respiratórias pelo doente ao espirrar, tossir e falar. Os principais sintomas são: febre alta, tosse, coriza, conjuntivite, erupções vermelhas na pele e manchas brancas nas mucosas.

As principais complicações da doença são: as infecções respiratórias, otites (infecção no ouvido), doenças diarreicas e doenças neurológicas, podendo deixar sequelas graves, como cegueira, surdez, problemas no crescimento e também diminuição da capacidade mental, podendo causar morte tanto em crianças como em adultos.

O Brasil já havia erradicado essa doença em 2016, porém voltou a registrar casos a partir de 2018, porque muitos pais são contrários a vacinar os filhos. A forma de se prevenir contra o sarampo é por meio da vacinação na infância, porém aqueles que não vacinaram nessa fase podem vacinar com qualquer idade.

As vacinas que protegem contra o sarampo são a tríplice viral e a tetra viral. A tríplice viral protege contra sarampo, rubéola e caxumba. A tetra viral também protege contra sarampo, caxumba, rubéola e varicela (catapora), conforme explica a professora Vanessa Sardinha dos Santos.

Quando surgiam as lembranças dessa fase tão triste, era perceptível a imensa dor que minha mãe carregava.

Era uma memória acesa e, sempre que lembrava, afirmava: "chorei tanto quando perdi minha filha Dalvina, pela manhã, que, quando à tarde do mesmo dia, o José faleceu, não tinha mais lágrimas e nem forças para chorar".

A impotência diante da morte, quando não pôde fazer nada, sobretudo pelos seus filhos, se caracterizou como uma de várias provações para Dona Lurdes. O desespero diante de tanto sofrimento era tão avassalador que, em determinado momento, tentou pular do alto de uma cachoeira, pois a vida não tinha mais sentido.

Apesar de tamanho sofrimento, Deus sempre presente, enviou-lhe um anjo, que surgiu na figura de um conhecido e evitou a tentativa do suicídio. Com isso, Deus demonstrou que ela ainda tinha uma missão a cumprir na terra.

O suicídio se caracteriza pelo ato de causar a própria morte, devido a perturbações mentais, que incluem uma série de sintomas como: depressão; atos impulsivos devido ao estresse; situações culturais; uso indevido de drogas e ou álcool; dificuldades financeiras; problemas no relacionamento; e, no caso, a experiência do trauma pela perda de seus filhos.

A conjugação de vários desses fatores a levaram ao ápice do desespero. Não havia uma verdadeira intenção de morrer, mas deve ser interpretada como um grito de socorro para chamar atenção ao seu desespero e desejo de fuga.

Émile Durkheim, em sua teoria sobre o suicídio, acredita que a religião promove valores compartilhados, interação e limites sociais fortes, que evitam que o indivíduo se sinta isolado e, ao mesmo tempo, estabelecem um conjunto de ideais pelos quais viver, constituindo-se em um fator protetor contra o suicídio.

Não se discute os desígnios de Deus. Ela encontrou forças escondidas no seu íntimo, teve resistência para continuar a caminhada e descobrir seu propósito na terra. Muitas das vezes não entendemos os planos de Deus para nossa vida e por isso lamentamos e não aceitamos os acontecimentos.

No entanto, Dona Lurdes aprendeu a confiar na sabedoria divina, mesmo quando os caminhos pareciam obscuros e dolorosos. Com o tempo, ela percebeu que cada provação e cada perda contribuíram para moldar sua força e resiliência. Sua fé inabalável tornou-se um pilar, ajudando-a a superar as adversidades e a encontrar um novo significado em meio ao sofrimento.

Deus é amor e vida, sempre tem planos e projetos de amor para todos os dias e momentos da nossa vida, conforme enunciado no Salmo 73.

"Tu me diriges de acordo com os teus desígnios, e no fim me acolherás em glória."
Salmos 73:24

O pequeno presente

A vida de casada, que já não era fácil, sem os filhos, ficou muito pior. Certo dia, estava sozinha em casa, triste, pensativa e desgostosa, quando seu marido chegou com um pequeno presente para ela.

Curiosa, mais que depressa abriu o embrulho e para sua surpresa era uma faquinha. Ele disse:

— Essa faquinha é para você derrubar tripa de homem safado.

Ela aceitou o presente e agradeceu, guardando-o sempre entre os seios, como se fosse um talismã de proteção. Era uma faca pequena, mas muito potente. Com o tempo, uma amiga dela revelou que seu marido estava tentando seduzi-la, apesar de suas resistências. Minha mãe, indignada, confrontou o marido na presença da amiga.

Como esperado, ele negou tudo, fingindo-se de vítima, como se aquela acusação tivesse ferido mortalmente seu orgulho. Enfurecido, ele pegou um cabresto de cavalo (correia de couro) e, agressivamente, desceu nas costas da minha mãe.

Em um ato de legítima defesa, ela tirou do seio a faquinha que ele mesmo lhe deu e, em um momento de desespero e autoproteção, a enfiou na barriga dele. Ironicamente, a faquinha, que segundo ele era para "derrubar tripa de homem safado", cumpriu seu destino cruel.

Foi amparada por um fazendeiro que tinha a patente comprada de "coronel", compadre de seu pai, que a escondeu. Ele disse para ela:

— Aqui ninguém te pega, nem a polícia.

Realmente, durante o tempo que ela passou na fazenda, não foi incomodada por ninguém e foi grata pela ajuda e apoio do fazendeiro, mas ela não podia viver sempre no esconderijo. Ela precisava enfrentar a vida.

Depois de certo tempo, seu marido, totalmente recuperado, foi buscá-la e, com promessas de mudar de comportamento, voltaram a viver juntos.

Ela não tinha escolhas, a vida de mulher separada era extremamente difícil e era submetida a toda sorte de preconceitos, tanto pela família como pela sociedade. A única opção foi voltar a morar com o marido, apesar de saber que não seria feliz, que seria uma vida difícil. Ela deu mais uma chance para ele, na esperança de que as promessas se concretizassem.

Logo em seguida, ficou grávida e teve uma outra filha em 18 de maio de 1946, a quem deu o nome de Zilza, e depois de quatro anos, em 15 de maio de 1950, teve mais um filho, que batizou com o nome de Zenildo.

A diferença de idade de quatro anos entre eles era a mesma diferença de tempo entre os dois primeiros. Parecia que Deus estava compensando a perda dos dois primeiros filhos. Foi um presente que trouxe uma mistura de alegria e gratidão para Dona Lurdes. A chegada de Zilza e Zenildo representou uma nova esperança e um renascimento após o sofrimento profundo da perda. Para ela, foi como se Deus estivesse restaurando o que havia sido tirado, trazendo luz e alegria para preencher o vazio deixado pela tragédia anterior. Esse presente divino fortaleceu ainda mais sua fé e determinação, reafirmando que, mesmo nos momentos mais sombrios, havia espaço para a esperança e para novos começos.

A sua vida, a partir de então, era amar e cuidar dos filhos. Era uma troca mútua. Assim, voltou a sua razão de viver. Eles precisavam dela, ela precisava deles e por isso criou coragem e forças para enfrentar as adversidades. Ela não se sentia mais sozinha. As traições extraconjugais do marido continuaram, e a vida de casada a cada dia só piorava, tornando-se insustentável.

Ela, uma mulher forte e com espírito guerreiro, determinada, às raias da obstinação, em busca de vida melhor para si e para seus filhos, tomou a decisão de separação definitiva, sem voltas, depois de mais de seis anos lutando para manter o casamento, para manter sua família.

Chegou o momento do BASTA! Basta de sofrimento! Basta de traições! Basta de hipocrisia! CHEGA! Pior não pode ficar. E assim tomou o seu rumo. Aliás, não tinha um caminho definido e nem seguro, mas tinha a certeza de que ali não era mais seu lugar.

Essa decisão foi um marco de coragem e autossuficiência para Dona Lurdes. Apesar das incertezas e do medo do desconhecido, ela optou por dar um fim ao ciclo de dor e decepção, escolhendo um futuro em que pudesse reconstruir sua vida com dignidade e paz.

Sua determinação e força de vontade foram fundamentais para seguir em frente, buscando um ambiente mais saudável e seguro para ela e seus filhos. A partir desse momento, ela iniciou uma jornada de independência e autorrespeito, mostrando ao mundo que merecia mais do que uma vida de desilusões e traições.

Perdoá-lo?

A verdade é que perdoar não é esquecer, mas é libertar-se. Ao escrever este livro tomei conhecimento dessa história. Zenildo, meu irmão mais velho, filho desse primeiro casamento, ao me contar o ocorrido, compartilhou uma dor profunda que carregava. Perdoar aquele homem é um passo necessário para curar as feridas deixadas por ele, permitindo que a luz entre onde antes havia escuridão.

Durante uma recente sessão de constelação familiar, percebi que, mesmo inconscientemente, eu estava carregando a dor que minha mãe viveu em seu primeiro casamento, o que estava me impedindo de prosperar em algumas áreas da minha vida.

A constelação familiar permite que padrões e dinâmicas familiares ocultos venham à tona. Através de uma sessão, podemos visualizar e compreender os relacionamentos e os sentimentos não resolvidos que nos afetam. Um dos primeiros passos para o perdão é o reconhecimento e a aceitação dos fatos e sentimentos. É preciso reconhecer a dor, o sofrimento e a injustiça sem minimizá-los.

A constelação familiar ensina a importância de honrar e respeitar todos os membros da família, mesmo aqueles que cometeram erros graves. Isso não significa aprovar suas ações, mas sim reconhecer que eles fazem parte do sistema familiar. Essa abordagem visa promover a cura e o equilíbrio dentro da família, permitindo que cada pessoa assuma sua responsabilidade e contribua para o bem-estar do grupo como um todo.

Com a tomada de consciência comecei o processo de perdão ao ex-marido de minha mãe, por reconhecer que ele também era um ser humano falho. Uma pessoa que maltrata o outro pode estar repetindo padrões de comportamento que foram aprendidos ou internalizados ao longo de sua vida, muitas vezes desde a infância.

Além disso, eu só nasci do segundo casamento porque esses fatos ocorreram, dando oportunidade de minha mãe conhecer o meu pai. Sou grata pela minha vida. Decido deixar o passado no passado e seguir minha vida em paz com prosperidade, interrompendo ciclos de dor para construir um futuro mais harmonioso. O perdão é uma forma de redenção, não para ele, mas para mim e meus irmãos e futuras gerações, para que possamos encontrar paz e seguir em frente, livres do peso do passado.

A força de uma mãe

Sozinha e sem condições para criar seus filhos, mesmo com o coração partido e com esperanças de lutar por uma vida melhor, não desistiu de seus filhos. Aliás, eles lhe davam forças para continuar.

Agora ela tinha propósitos, cuja força emanava dos filhos e por eles conseguia seguir adiante. Sem ter uma renda, sem casa para morar, teve que viver de favores por longo tempo, por vezes, passava por humilhações e privações materiais de toda sorte. A sua coragem, fé e amor pelos filhos eram maiores do que qualquer dificuldade.

Assim que separou foi morar com sua irmã mais velha, que a acolheu. O cunhado lhe cedeu um pedaço de terra já preparada para ela trabalhar e sustentar os dois filhos pequenos, que precisavam de amor e de alimento.

Nessa terra, ela e a sobrinha plantavam, colhiam e vendiam alho. Trabalhava incansavelmente, para prover sustento e oferecer uma vida digna para suas crianças. A cada sorriso e conquista dos filhos, ela encontrava forças renovadas para seguir em frente.

O filho mais novo, Zenildo, teve sérios problemas intestinais em decorrência do leite que estava tomando. Teve muita diarreia, estava muito fraco, inclusive, uma das irmãs de minha mãe chegou a dizer que ele ia "levar carta para São Pedro", termo usado à época quando alguém estava à beira da morte. Isso deixou minha mãe muito irritada e preocupada.

Estava indo a cavalo em busca de atendimento médico na cidade para o filho. Nesse momento, minha mãe, desesperada e com muita fé, clamou a São Benedito:

— São Benedito! Se este menino for um bom filho para mim, peço que o cure, e se não for um bom filho que o tire.

A fé foi tão grande que a partir daquele momento cortou a diarreia do menino, contava ela. Ele foi levado ao médico, tomou os remédios e ficou curado.

A recuperação de Zenildo foi vista como um milagre por toda a família. Minha mãe sempre atribuía essa cura à sua fé inabalável e à intervenção de São Benedito. A partir desse dia, a fé dela se tornou ainda mais forte, e ela ensinou a todos nós a importância de acreditar e de nunca perder a esperança, mesmo nos momentos mais difíceis.

O filho cresceu saudável e forte, e sempre se lembra dessa história com gratidão e respeito pelo sacrifício e devoção de nossa mãe. Ela era uma mulher de uma força extraordinária, capaz de enfrentar qualquer obstáculo pelo bem-estar de seus filhos. Essa experiência não só salvou a vida de seu filho, mas também solidificou os laços de nossa família, mostrando-nos que o amor e a fé podem superar até as maiores adversidades.

A vida de Zenildo foi marcada por muitas responsabilidades desde cedo. Ele conta que não teve infância nem adolescência, pois começou a trabalhar muito jovem para ajudar nas finanças da família. Todo o dinheiro que ganhava era entregue à sua mãe, demonstrando um senso de dever e amor incomparáveis.

Apesar das dificuldades, ele nunca reclamou. Cuidava de sua mãe com a mesma dedicação que ela sempre teve pelos filhos. Ele era grato por todos os sacrifícios que ela fez, por ter renunciado a uma vida mais tranquila para cuidar dele e de sua irmã. Esse amor e cuidado mútuo fortaleceram ainda mais os laços entre eles.

Ele sempre reconheceu que, sem a fé e a força de sua mãe, ele não estaria ali para retribuir todo o amor que recebeu. E assim, ele seguiu sua vida, honrando cada dia os ensinamentos e o sacrifício daquela que, com sua fé e coragem, salvou sua vida e manteve a família unida.

Praticar o amor é simples

1. Você conhece a história de vida de sua mãe? Se conhece, como foi?
....
....
....

2. Ela enfrentou muitos desafios, como conseguiu superá-los?
....
....
....

3. Se ainda não conhece, pesquise, busque informações; com certeza a história de vida dela ajudará a compreendê-la e melhorar o seu relacionamento com ela.
....
....
....

Conhecer a história de vida de sua mãe é fundamental para entender sua identidade, valores e experiências que moldaram quem ela é. A história dela tem emoções e lições que podem oferecer uma visão valiosa e proporcionar uma conexão mais profunda entre vocês.

A história de vida de minha mãe é uma fonte de inspiração. Cada decisão que ela tomou, cada sacrifício que fez, moldou não apenas sua própria identidade, mas também a de toda a nossa família. Conhecer essas histórias nos ajuda a valorizar nossas raízes e a compreender melhor quem somos.

As emoções e lições que minha mãe nos transmitiu proporcionam uma visão valiosa e uma conexão mais profunda entre nós. Sua força, fé e amor são os pilares que sustentam nossa família. Entender e valorizar sua história é fundamental para honrar seu legado e manter viva a essência dos valores que ela nos ensinou.

Segundo Matheus 22:37-39 : "Primeiro mandamento: Amarás o Senhor, teu Deus, de todo o teu coração, com tóda a tua alma, e com todo o teu pensamento". E o segundo: "Amarás o teu próximo como a ti mesmo".

Dona Lurdes praticava esses mandamentos, e foi o amor em Deus e pelos filhos, que a tornou corajosa, determinada e resiliente. Deixou esse legado a seus filhos e netos.

CAPÍTULO 2

O segundo casamento

A esperança em busca da felicidade movida pela fé e coragem.

NAS ASAS DA CORAGEM

O amor pelo filho

Com o rótulo de mulher separada, na labuta diária para criar os dois filhos, ela conheceu um fazendeiro que gostava muito dela e queria casar-se com ela.

Era um homem que tinha posses e era bem-sucedido e parecia ser um bom moço a ponto de deixá-la "balançada". Ele a pediu em casamento, mas exigiu que ela ficasse apenas com a filha mais velha e que desse o filho mais novo. Era uma oportunidade para ela melhorar sua vida, ter um novo esposo, uma casa para morar e conforto.

Dona Lurdes enfrentou uma decisão difícil quando o possível casamento chegou a um impasse. O homem, que seria seu futuro marido, não conseguia aceitar seu filho menor de um relacionamento anterior, por ainda depender muito dos seus cuidados. Diante dessa situação, ela se viu entre a cruz e a espada. Ela sabia que manter a paz em seu casamento significava, de alguma forma, negar a existência de uma parte essencial de sua vida e de seu coração. Indignada, não aceitou a proposta de casamento, pois nada e ninguém era mais importante do que os filhos.

A decisão de abrir mão do casamento não foi tomada de forma leviana. Dona Lurdes ponderou longamente sobre o impacto que essa resolução teria sobre sua família, mas, no fim, a escolha foi clara. Seu filho precisava dela, precisava de sua proteção e, mais que tudo, precisava de seu amor incondicional.

Não havia espaço para concessões quando se tratava do bem-estar de seus filhos.

Foi um ato de coragem e sacrifício, um ato que muitos poderiam não compreender. No entanto, ela sabia que era o certo a fazer. O amor de mãe que sentia era um farol que a guiava, mesmo nos momentos mais sombrios.

Ela acreditava firmemente que nenhum amor é mais forte ou mais puro do que o de uma mãe por seus filhos. E era esse amor que a sustentava e a fazia seguir em frente, com a certeza de que, ao priorizar o bem-estar de seu filho menor, estava construindo uma base sólida de amor e segurança para toda a sua família.

Depois da recusa do casamento, saiu à procura de trabalho e arrumou um emprego de doméstica. Com poucos dias de trabalho, a patroa confessou que gostou muito do seu trabalho, mas exigiu que, para ela continuar, teria que dar o filho mais novo, pois ele ainda dependia muito dela.

Mais uma vez ela decidiu pelo filho, dando a prova de seu amor materno, incondicional. Onde não tinha espaço para seus filhos, não tinha também para ela. Era com essa afirmação que seguia adiante. Mesmo sozinha, com o coração despedaçado e na luta por uma vida melhor, não desistiu da maternidade, manteve-os sob sua guarda e proteção.

Os filhos eram fonte de renovação diária da sua força,
para manter a cabeça erguida, continuar lutando e sobrevivendo.

Dona Lurdes, mãe separada que, apesar das dificuldades, dedica todo o seu amor e energia aos seus filhos. Sua vida é uma luta diária para garantir que nada lhes falte, mesmo quando o cansaço ameaça vencê-la.

Ela sabe que poderia buscar ajuda ou mesmo considerar a ideia de outra família criar seus filhos, mas essa opção nunca foi uma alternativa para ela, pois entende que o amor materno e o vínculo que tem com seus filhos são insubstituíveis.

Seus filhos são seu maior tesouro, e ela se recusa a abrir mão deles. Cada desafio enfrentado é um passo a mais na construção de uma família forte e unida, uma família que, apesar das adversidades, é sustentada pelo amor incondicional de uma mãe determinada.

Dona Lurdes é a prova viva de que, com amor e coragem, é possível superar qualquer obstáculo. Ela não apenas cria seus filhos, mas os inspira a serem fortes e resilientes, mostrando que a verdadeira força vem do coração.

A convite de seu irmão mais velho, foi morar em sua casa, na fazenda onde ele trabalhava com plantação de café.

Ela foi para ajudar a cuidar de cinco sobrinhos pequenos, que tinham perdido a mãe. Agora eram sete crianças para cuidar. Ela dedicava tempo, atenção e cuidados para com todos.

Apesar da ajuda dos irmãos, era discriminada e criticada por não ter marido e pelo fato de ter dois filhos para criar sozinha. Sempre muito esperançosa, conheceu o seu segundo esposo e companheiro de longa jornada, Atanázio, que trabalhava na fazenda.

Era branco, estatura baixa, cabelos lisos, descendente de português, dezenove anos mais velho. Uma pessoa forte, obstinada, íntegra, trabalhadora. A vida também não era fácil para ele.

Saiu da casa dos pais, na Bahia, com apenas 16 anos e foi se aventurar no mundo em busca de trabalho. Apesar de os pais possuírem terras, ele com coragem e disposição foi à procura de seus sonhos. Quando conheceu minha mãe, ambos tinham saído do primeiro casamento. Ele tinha três filhos (um homem e duas mulheres) e minha mãe, um casal (Zilza e Zenildo).

Com pouco tempo de conhecimento resolveram formar uma nova família. Como já tinham sido casados, fizeram apenas um contrato em cartório.

Sentiu-se acolhida, com a certeza de que havia encontrado alguém para ajudar a criar os seus filhos, que foram também acolhidos pelo seu novo companheiro, que mais tarde os registrou como filhos, pois ainda não tinham certidão de nascimento. Os filhos dele não quiseram acompanhá-lo e continuaram morando com a mãe.

Eles viviam como ciganos, de fazenda em fazenda para trabalhar, e o que recebiam dava muito mal para ter o alimento para a família. Mesmo assim, minha mãe agradecia pela nova vida, pelo amparo que tinham agora. Uma nova família! Novas esperanças! Já tinha motivos para sorrir e continuar agradecendo a Deus pela vida.

Apesar das dificuldades e da incerteza do dia seguinte, o espírito resiliente de minha mãe mantinha viva a chama da gratidão. Cada novo lugar trazia consigo a oportunidade de recomeço e a chance de proporcionar um futuro melhor para seus filhos. Mesmo em meio às adversidades, ela encontrava razões para celebrar as pequenas vitórias e agradecer pelas bênçãos recebidas. Essa atitude positiva e perseverante não apenas fortalecia sua própria fé, mas também inspirava aqueles ao seu redor, mostrando a importância de encontrar beleza e esperança mesmo nos momentos mais desafiadores da vida.

A pneumonia

O primeiro filho da nova união, Alberto, uma criança linda, alegre e sadia, com mais de um ano de vida contraiu pneumonia. O farmacêutico aplicou uma injeção, o menino chorou a noite toda, dormindo apenas no clarear do dia. Com esperança de que com a segunda dose ia curar seu filho, no outro dia minha mãe retornou à farmácia. No mesmo dia, o seu filho veio a óbito, não resistiu.

Só depois descobriram que o farmacêutico aplicou injeção de adulto na criança. Isso causou revolta e indignação. A quem recorrer? Só lhes restava o choro para acalmar a alma e entregar na mão de Deus.

Essa tragédia foi um golpe devastador para a família. A confiança que depositaram na assistência médica foi traída de maneira cruel, resultando na perda irreparável de um ente querido. A indignação e a revolta eram compreensíveis diante de um erro tão grave e negligente. No meio da dor intensa, restava-lhes apenas buscar conforto na fé e na esperança de que, de alguma forma, haveria justiça divina e consolo para suas almas feridas.

Este episódio doloroso certamente deixou uma marca profunda em suas vidas, reforçando a importância da vigilância e do cuidado ao lidar com questões de saúde, além de fortalecer ainda mais a união familiar em face das adversidades mais difíceis.

Quando perdeu esse filho, ela estava grávida de outra filha. Dentro de pouco tempo mudaram para outro município e meu pai começou a trabalhar na Fazenda Boa Esperança, num alambique, trabalhava a noite toda, cuidando e aguardando a fermentação da garapa da cana, que ocorria durante a madrugada, se transformando em cachaça.

Em 1956, nasceu a segunda filha, que recebeu o nome de Magnólia. Nome de uma linda flor e o seu significado tem muito a ver com ela. Magnólia significa "bela flor" ou "flor da simpatia".

Saindo dessa fazenda, seu esposo arrendou uma roça de dois alqueires e passava o dia todo trabalhando. Após conclusão da colheita, entregou a terra para o proprietário e seguiu em busca de novo trabalho. Nesse ínterim, nasceu outro filho homem, que deram o nome de Joselino, que mais tarde recebeu o apelido de "Negão", conforme é conhecido até hoje.

A vida cigana continuou e meus pais mudaram-se para a fazenda Barranco Vermelho, em Barra do Bugres, MT, onde ele trabalhou na lavoura de café por três anos, cuidando de 40 mil covas de café. Foi nessa fazenda que nasci.

No período de colheita, minha mãe acordava às quatro da manhã para fazer comida para os peões, geralmente umas trinta pessoas. Quando nasci, meus pais acreditavam que eu fosse a caçula, a última filha! Então, colocaram meu nome de Ana, em homenagem às avós materna e paterna, que tinham esse nome.

Porém, erraram feio. Depois desse parto, ainda nasceram gêmeas e, mais tarde, um homem e uma mulher que realmente são os caçulas da família.

Fiquei longe de ser a caçula e amo todos os meus irmãos e irmãs.

Os dois filhos mais velhos, do primeiro casamento, Zenildo e Zilza, adotados pelo seu esposo, já se encontravam em idade escolar, e nessa peregrinação da família sem moradia fixa, foram estudar em internato, no colégio de padres, no município de Diamantino, MT.

Zenildo relembra que foram num avião teco-teco e quase morreu de medo, pois parecia que tudo ia sair da sua barriga. O seu acalento era gritar até chegar à terra firme. Sobreviveu!

A vida cigana continuou e meu pai foi trabalhar em outra fazenda plantando capim-colonião (alimentação para animais), local que tinha dificuldade de acesso à água.

Minha mãe andava cinco quilômetros para lavar roupa, pois em volta da casa havia apenas um poço de água para beber, para o banho e os trabalhos domésticos. Ela saía de casa de manhã com uma trouxa de roupa na cabeça e só voltava à tarde com a roupa limpa e seca.

Mais uma vez mudaram para outro município, denominado Dom Aquino, MT, em 1963, onde minha mãe teve novo parto, dessa vez de gêmeas, mas uma nasceu morta. Ela estava com o cordão umbilical enrolado no pescoço e não resistiu.

Buscando uma saída, a parteira perguntou ao meu pai se ele queria que salvasse a minha mãe ou a outra bebê. Uma já tinha nascido. Ele decidiu rapidamente e pediu para salvar minha mãe, pois tinha uma filha recém-nascida para criar.

Com essa decisão difícil, graças a Deus, minha mãe se salvou, mas a outra filha não. A parteira fez o que estava ao seu alcance naquele momento. Foi preciso perder uma filha para salvar a vida de minha mãe. Meu pai demonstrou sabedoria e coragem ao tomar essa decisão em um momento tão angustiante.

Esse episódio doloroso marcou profundamente a vida de minha mãe e de toda a família, trazendo à tona mais uma vez a fragilidade da vida e a dificuldade das escolhas que, às vezes, precisam ser feitas em situações extremas.

Às vezes, é preciso perder para ganhar.

Mesmo com a perda de uma das filhas, minha mãe ficou agradecida a Deus pela filha que se salvou e pela sua vida. Decidiram colocar o nome de Egmar na nova filha.

No final do ano de 1963, a família mudou-se para uma região de garimpo denominada Barra do Areia, que abrigava os mais invisíveis e miseráveis integrantes da sociedade nortelandense e arenapolitana. Moramos nessa região por mais de dez anos, até o ano de 1974.

Ah! Essa localidade pertencia ao município de Arenápolis, zona rural, mas ficava muito mais próxima e mais ligada à cidade de Nortelândia, no médio norte de Mato Grosso. Foi aí que nasceram os dois últimos filhos, que receberam o nome, respectivamente, de Josino e Guiomar, com diferença de idade de quase dois anos um do outro.

Quando a Guiomar nasceu, a mãe já tinha 43 anos. Ela contava que saía pouco com a filha caçula, isso porque algumas pessoas perguntavam se era neta dela. Isso a entristecia, mas ela nunca deixou de demonstrar seu amor e cuidado dedicados à sua filha, demonstrando que o amor materno transcende qualquer limite de idade.

Dona Lurdes teve um total de 12 filhos entre os vivos e mortos, sendo quatro do primeiro casamento e oito do segundo. Seus irmãos debochavam dela dizendo que ela parecia "rato", só sabia ter filhos. Não poderia ser diferente, não havia programa de controle da natalidade.

A principal função da mulher era a de procriação. O uso da pílula anticoncepcional no Brasil ocorreu a partir de 1962 e **não era acessível às famílias pobres.**

Os dois primeiros filhos, Zenildo e Zilza, relatam que a educação recebida foi muito rígida, os filhos não podiam questionar as ordens recebidas. Apenas obedeciam e desde muito cedo já trabalhavam ajudando os pais.

Não podiam interferir ou estar por perto nas conversas das pessoas mais velhas. Bastava um olhar firme da mãe ou do pai, que os filhos já entendiam a mensagem e obedeciam.

Os quatro primeiros filhos do segundo casamento foram registrados todos juntos, não havia preocupação em registrar os filhos e só aconteceu quando precisaram ir para a escola.

A busca por uma vida melhor

As histórias que tenho para contar envolvendo meus velhos pais não teriam fim, se eu tivesse memória e habilidade para escrever tudo que sei, tudo que vivi, tudo que construímos juntos, que sorrimos e choramos juntos, enfim, que amamos juntos.

Foram anos convivendo com uma labuta diária pela sobrevivência e momentos de muitas dificuldades financeiras, estruturais e, principalmente, dificuldades de aceitação por parte de uma sociedade marginalizadora, racista e discriminatória.

Na Barra do Areia, a nossa casa era bem rústica, feita de taipa, com cobertura de sapé, sem piso e sem banheiro, e lógico, sem energia elétrica. A lamparina era à querosene. Não tinha móveis, tudo era improvisado. Nosso fogão era de barro e à lenha. A água para beber era de mina, água límpida e cristalina, colocada no pote de barro, que a conservava sempre fresca.

O pai e meus dois irmãos mais velhos, Zenildo e Joselino, trabalhavam em garimpo de terceiros, se aventurando num serviço pesado, perigoso e sem nenhum tipo de proteção, colocando a própria vida em risco em busca de ouro e diamante.

Foram anos de trabalhos sem conseguir êxito. O que conseguiam mal dava para manter as principais necessidades básicas da família. Poucas vezes tiveram algum resultado satisfatório financeiramente.

A mãe e Zilza lavavam e passavam roupas para ajudar nas despesas da casa. As roupas eram passadas utilizando ferro com brasa, grande e pesado, além do desconforto produzido pelo calor. Zenildo, além de trabalhar no garimpo, buscava e levava as trouxas de roupa na cabeça, a pé, por cinco quilômetros.

Tomávamos banho no córrego que passava em frente à nossa casa. Ao lado do córrego, a mãe fez uma horta que produzia tomates enormes. Cada fruto pesava cerca de meio quilo. Eram lindos, bem vermelhos e faziam parte da alimentação.

A nossa diversão era tomar banho numa pequena cachoeira na casa do vizinho. Nossos brinquedos eram fabricados por nós mesmos, com material da própria natureza, sem condições de comprar boneca ou carrinhos, mesmo assim, éramos felizes! Não me lembro de nenhuma comemoração de aniversário durante nossa infância.

Era muito raro sobrar dinheiro para minha mãe trazer da feira alguma guloseima, como balinha, rapadura ou bolacha. Quando isso acontecia era festa para nós. As compras eram feitas, principalmente, em Arenápolis, levando os sacos de compras na cabeça, andando a pé mais de sete quilômetros.

Comecei a estudar com 6 anos e ia para escola com a minha irmã e meu irmão. A escola ficava no Bairro da Ponte, a cinco quilômetros de casa. Saíamos cedo, durante o percurso fazíamos muitas paradas, para descansar e para comer frutas do ingá, pinha e coco de tucum, plantas nativas em abundância na região, pois nem sempre tínhamos o que comer de manhã em casa.

Afinal de contas, um trecho bastante considerável do percurso, sobretudo na volta, no areão denso, e nós sem proteína animal ou carboidrato, apenas frutos de beira de estrada. Egmar e Josino dividiam o leite que recebiam na escola para levar uma parte para a caçula, Guiomar, que não estudava, pois não tínhamos pão para comer de manhã.

Ela já esperava seu leite todos os dias ao lado de um colchete, próximo da casa. Geralmente, a mãe fazia angu de farinha para o café da manhã, que se resumia na mistura de farinha de mandioca, água e açúcar passado na frigideira com um pouco de gordura. Era muito bom!

Nesse tempo, a pobreza era tão avassaladora, não só da nossa família, mas de todo o país. A economia local girava em torno do garimpo existente na redondeza, que tornava a região paupérrima.

O "milagre econômico"

No período conhecido como milagre econômico no Brasil, final dos anos 1960 e início dos 1970, durante a ditadura militar, houve um forte crescimento da economia do país, com elevação do valor do Produto Interno Bruto (PIB), porém foi um retrocesso para a maioria, gerando grande desigualdade social, principalmente para os trabalhadores assalariados.

Segundo Clemente Ganz, diretor do Departamento Intersindical de Estatísticas e Estudos Socioeconômicos (DIEESE), "o período do milagre econômico é um período de forte concentração de renda, tanto é que nesse período você tem a famosa frase que se atribui ao Delfim Netto, ex-ministro da Fazenda, de que é preciso crescer para depois distribuir. Mas só conseguimos desconcentrar a renda a partir de meados do ano 2000".

De acordo com dados do Instituto Brasileiro de Geografia e Estatística (IBGE), em 1960, 20% dos brasileiros mais pobres detinham 3,9% do total da renda nacional. Vinte anos depois, em 1980, 20% da população mais pobre concentravam 2,8% da renda produzida no país.

Esses dados demonstram que, nesses vinte anos, a concentração de renda aumentou, bem como a pobreza para a maioria do povo brasileiro, que detinha apenas a sua força de trabalho.

Desde muito criança percebi como era massacrada a nossa família e a pessoa mais perseguida, com mais intensidade, com mais força, era minha mãe.

Uma dessas percepções, talvez a que mais me chocou e que não dá trégua na minha memória, ocorreu por volta de 1970, talvez um pouco antes. Não pude entender na época, mas comecei a observar que minha mãe precisava ir a pé até Nortelândia "na benzedeira" para tirar larvas que se acumularam num pequeno ferimento na mão; graças a Deus, foi curada, apesar da sequela no dedo mínimo.

A esperança sempre fortaleceu o seio da nossa família. A luta diária, com dignidade e respeito, formava uma unidade, que se transformou num **ideário de vencer, de progredir e de prosperar.**

Não tínhamos a noção de que essas características incomodavam alguns, mas tínhamos certeza da maldade das pessoas e como tal, procurávamos os meios para nos afastar daqueles e daquilo que perturbava e impedia o nosso crescimento.

Tempestade de verão

Era uma tarde radiante de verão quando, aos 9 anos, acompanhei minha mãe ao cerrado para pegar lenha. O sol brilhava intensamente e, de repente, desapareceu, encoberto por uma nuvem negra e carregada. Ameaçava desabar uma tempestade.

Minha mãe, com um feixe de lenha na cabeça, apressou os passos e eu a segui. Relâmpagos cortavam o céu e o vento começou a uivar. Corremos para casa, onde a família nos aguardava com ansiedade. Nossa casa de taipa, coberta de sapé, não oferecia muita segurança contra a fúria da tempestade.

O vento se intensificou, arrancando a cumeeira e derrubando uma maleta de meu pai. O susto foi tão grande que eu, Egmar e Josino corremos para a casa do vizinho, a cerca de mil metros de distância, enfrentando o vento e a chuva. Buscávamos um abrigo mais seguro, temendo que nossa casa desabasse.

Chegamos ensopados e a vizinha nos ofereceu roupas secas. Foi a primeira vez que presenciei uma chuva de granizo. O terreiro ficou coberto de pedras de gelo e uma árvore foi derrubada pelo vento, quase atingindo a casa em que estávamos.

Às vezes, buscamos segurança fora de casa, acreditando que será melhor, mas nem sempre é verdade. Aquela tempestade foi um grande susto e me deixou traumatizada por muito tempo. Cada nuvem carregada no céu trazia de volta o medo e a insegurança. Somente após muitos anos e vivendo em uma casa de alvenaria, comecei a superar esses sentimentos.

O leite materno

Em 1968 a mãe contraiu malária, quando ainda amamentava a caçula. Trata-se de uma doença infecciosa febril aguda, causada por protozoários transmitidos pela fêmea infectada do mosquito *Anopheles*, porém não é contagiosa.

Ela se preocupava com a amamentação da filha que tinha apenas 14 meses e ainda dependia do leite materno. Suas forças estavam acabando, a ponto de achar que não iria resistir, chegou até a entregar a bebê para a mais velha.

Toda a família estava preocupada com a saúde dela, mas graças a Deus ela venceu mais uma vez e ainda viveu por muitos anos e construiu novas histórias.

Dona Lurdes amamentou os filhos durante os primeiros anos de vida, para ela o leite materno era indispensável e, claro, pela dificuldade de garantir outro tipo de leite.

Segundo a Unicef, "o leite materno é o melhor alimento que um bebê pode ter. É de fácil digestão e promove um melhor crescimento e desenvolvimento, além de proteger contra doenças. Mesmo em ambientes quentes e secos, o leite materno supre as necessidades de líquido de um bebê. Água e outras bebidas não são necessárias até o sexto mês de vida; é a primeira 'vacina' do bebê. A amamentação também é responsável por criar um laço maior entre mãe e filho."

Novo Trabalho

O meu irmão mais velho, Zenildo, conseguiu seu primeiro emprego, por meio de contrato temporário, nos anos de 1969 e 1970, na SUCAM (Superintendência de Campanhas de Saúde Pública), entidade vinculada ao Ministério da Saúde.

No primeiro ano, o trabalho consistia em jogar veneno nas casas, e em 1970, fazer coleta de sangue das pessoas na área rural, para combater a malária. Esse trabalho foi feito a pé ou de bicicleta, visitando todos os sítios de nove municípios mato-grossenses. Era um trabalho exaustivo, com baixa remuneração.

Com o término do contrato, recebeu o último pagamento correspondente a quatro meses atrasados. Utilizou parte desse dinheiro para comprar uma máquina de costura para nossa mãe, que começou a costurar e consertar as roupas dos filhos.

No ano seguinte ele voltou a trabalhar no garimpo e a estudar, concluindo o segundo grau (atualmente ensino médio). A mais velha, Zilza, trabalhava num hotel em Arenápolis, MT. Tudo que recebiam era destinado a ajudar na alimentação e estudo dos irmãos mais novos.

Como o garimpo não estava trazendo bons resultados financeiros, meu pai trabalhou na Fazenda Córrego da Carne, entre os anos 1973 e 1975.

Essa foi uma das fases que marcou muito a nossa vida quanto ao investimento que o meu pai fez em cultivar uma roça, nessa localidade, próximo à Colônia Macaúba e aproximadamente a dez quilômetros da Barra do Areia, onde morávamos.

Não me lembro de como se deu, só sei dizer que esse período foi fértil, vivenciamos uma fase muito produtiva, embora sofrida, para o enfrentamento das dificuldades que a vida reservava para essa grandiosa família.

O meu pai era provido de uma coragem ímpar, singular e capaz de causar admiração em qualquer ser humano médio, em razão de sua experiência, persistência e perspectivas positivas.

A maioria do tempo, durante o ano corrido, o pai passava sozinho desbravando a terra, fazendo derrubada de mata e preparando a terra para o plantio.

Como se tratava de trabalho braçal, sem a utilização de qualquer mecanização e por se tratar de culturas diversas de forma sustentável, numa espécie que mais se aproxima ao sistema agroflorestal, a terra sempre se apresentava espetacular para a cultura do arroz, do milho, amendoim, gergelim, melancia e demais verduras, além da preservação da fauna.

Somente nos períodos de férias escolares, praticamente todos os filhos se reuniam com os pais, com o intuito de ajudar na produção, na colheita e na limpeza da terra.

O irmão e irmã mais velhos quase nunca podiam ir, pois já tinham um emprego e exerciam a função de provedores da família. Eles eram os responsáveis pela manutenção da casa, tudo que tínhamos e que comíamos.

Os outros irmãos, Joselino e Josino, um com 14 anos e o outro com 10 anos, iam para a roça, cada um com sua enxada e uma lima de afiação da enxada e cada um assumia um "eitão" para capinar as ervas daninhas, em meio à plantação de arroz.

Na linguagem cabocla, eitão era uma área plantada por determinada cultura, no caso o plantio de arroz, e delimitada por uma faixa, representada por outra cultura, no nosso caso, o milharal. Geralmente, cada eitão possuía a largura de mais de vinte metros e o comprimento de mais de oitocentos metros, no sentido longitudinal.

Vestidos a caráter, como bons caboclos, cada qual usava calça, camisa "vortmundo" ou volta ao mundo, botina e um grande chapéu. Esse traje era necessário não só para prevenir da insolação, mas também de insetos, como marimbondos e abelhas, bem como para proteger parcialmente de ataques de cobras e outros insetos.

A utilização da camisa do tipo "vortmundo", como era pronunciado por todos, era o traje da lida na roça. Pois bem! Esse tecido é tão fino e tão poroso e, por consequência, tão barato, que acabava sendo a opção possível para uma camisa de manga longa.

Ambos sempre com o mesmo traje do dia anterior, cada qual com suas ferramentas, sorridentes e sonhadores, por volta das seis horas da manhã, com meu pai, iniciavam o trabalho diário, a fim de manter a roça limpa e produtiva.

Por volta das oito e meia da manhã, surgia a rainha maravilhosa, minha mãe, levando para eles um "quebra torto" (café da manhã reforçado), geralmente, bolo de milho, café, pamonha ou um "revirado" de arroz com carne e ovo frito, tudo misturado.

A essa altura, já havia uma grande melancia aguardando, geralmente, no leito do córrego, para servir de sobremesa, em temperatura muito agradável.

Meus irmãos relatam seus envolvimentos com essa labuta diária, tão gloriosa e tão dignificante, que os cobria de orgulho, por serem úteis; em nenhum momento sentiam desânimo, desejo de desistir ou qualquer reação que não fosse a de sonhar e de viver condignamente feliz.

O passatempo dos meus irmãos durante a lida se resumia ao ato de cantar. Sempre que um "puxava" uma moda, o outro emendava e saía uma sonoridade que só eles mesmos entendiam, havia a sensação de liberdade e de exaltação de bons sentimentos.

Destacam com alegria que de todas as modas que cantavam, uma ficou marcada na memória, seja pela profundidade do conteúdo, seja pela musicalidade agradável ou ainda, por marcar a época, porque foi gravada em 1973. Era uma canção de autoria de Antônio Marcos, *O homem de Nazaré*, que fala de Jesus, da fé cristã, da irmandade, do amor, da humildade.

A música traz um convite de irmão para que sempre sigamos com fé tudo que ensinou o homem de Nazaré, e começa assim: "Mil novecentos e setenta e três, tanto tempo faz que ele morreu, o mundo se modificou, mas ninguém jamais o esqueceu..."

O amor entre os irmãos era intenso e perceptível, porque trabalhavam juntos, e havia um sentimento de reciprocidade e de admiração mútua. Assim também era o amor deles pelos outros irmãos e pelos pais por se sentirem fortes e unidos por um sentimento de família, na sua mais ampla concepção.

Dessa sinergia constante e presente entre todos, seguíamos dia a dia superando os desafios da vida, embora limitada pelas condições materiais, mas repleta de energia cósmica capaz de dar sentido à existência.

Seguíamos sempre lutando e aproveitando o tempo em família, com fartura na alimentação e disposição para as tarefas cotidianas.

Quando colheram o arroz, a palha excedente foi empilhada próxima à casa, nos dias de lua cheia os irmãos brincavam sobre a pilha gigantesca. As brincadeiras eram diárias, balanços, gangorra, pega-pega, esconde-esconde, taco e muitas outras. Eram momentos literalmente felizes que nos deixaram saudades.

A vida não foi fácil, mas nunca desistimos de lutar e acreditar em dias melhores. Com poucas condições e com a ajuda dos filhos mais velhos, conseguiram educar todos os filhos. Foi um esforço conjunto, onde cada membro da família contribuiu como pôde, unidos pelo objetivo comum de proporcionar uma educação e um futuro melhor para todos.

Nova mudança

No início de 1975, mudamos para a cidade de Nortelândia. O município foi criado em 11 de dezembro de 1953, com o nome de Santana dos Garimpeiros, e, em 16 de dezembro do mesmo ano, mudou o nome para Nortelândia. Segundo o IBGE, a área territorial de Nortelândia é de 1.336,754 km², com uma população, no último censo (2022), de 5.956 pessoas. É uma cidade pequena e que não conseguiu crescer.

Foi nessa cidade, que pela primeira vez, moramos em uma casa de tijolos, com telhas, piso de cimento queimado, água encanada e tratada pelo sistema público, com energia elétrica e com nosso primeiro banheiro no fundo do quintal, de forma simples. Foi uma vitória, agora tínhamos mais conforto e segurança.

Além disso, a escola era bem mais perto e com oportunidades para novos trabalhos. E o futuro dos filhos dependia do estudo.

Em março de 1977, Zilza se casou e mudou-se para Cuiabá, capital de Mato Grosso, e morava numa chácara, nas terras do sogro, localidade denominada Guarita, município de Várzea Grande, MT, à beira do rio Cuiabá.

Após um ano, Zenildo deixou o garimpo e foi se aventurar na capital, morando na casa de Zilza. Em pouco tempo estava empregado na Empresa Brasileira de Correios e Telégrafos e foi constantemente sendo promovido, com melhorias no salário, onde trabalhou por 39 anos, até se aposentar.

A linha de pobreza

Em abril de 1977, comecei a trabalhar. Foi o meu primeiro emprego aos 16 anos e com registro em carteira. Passei a ajudar a minha família. Os demais também trabalhavam formalmente, com exceção dos dois caçulas.

E assim, passamos da linha de miseráveis para a linha de pobreza. O que ganhávamos, apesar de pouco, era muito, pois antes, a maioria de nós não tinha renda alguma.

Esse período marcou uma mudança significativa na nossa condição de vida. A transição da miséria para a pobreza, embora não fosse ideal, representou uma melhoria substancial. O trabalho formal trouxe não apenas uma fonte de renda, mas também um senso de dignidade e progresso. Cada pequeno salário contribuía para o sustento da família e possibilitava sonhos que antes pareciam inalcançáveis.

Apesar das dificuldades, esse avanço simbolizava esperança e uma nova perspectiva para o futuro. Trabalhar desde jovem e ver o esforço recompensado, mesmo que de forma modesta, fortaleceu os laços familiares e mostrou que, com perseverança, é possível superar as adversidades.

De acordo com a Síntese de Indicadores Sociais, do Instituto Brasileiro de Geografia e Estatística - IBGE, divulgado em 06 de dezembro de 2023, em 2022, no Brasil havia 12,7 milhões de pessoas na extrema pobreza, que viviam com menos de R$ 200 por mês. O percentual dessas pessoas caiu para 5,9% em 2022, após alcançar 9% em 2021, o que significou a queda, de um ano para o outro, de cerca de 6,5 milhões de pessoas que viviam nessa situação.

Por outro lado, a proporção de pessoas em situação de pobreza, que viviam com até R$ 637 por mês, caiu de 36,7% em 2021 para 31,6% em 2022, totalizando 67,8 milhões de pessoas, com queda de 10,2 milhões de pessoas nessa situação, de um ano para o outro.

"O Instituto considerou, nessa análise, os parâmetros do Banco Mundial de US$ 2,15/dia para extrema pobreza e de US$ 6,85/dia para a pobreza, em termos de Poder de Paridade de Compra (PPC) a preços internacionais de 2017. Essas são as linhas utilizadas para o monitoramento do Objetivo de Desenvolvimento Sustentável 1 (ODS1: Erradicação da Pobreza), e foram atualizadas pelo Banco Mundial em 2022, sendo, até então, utilizados os valores de US$ 1,90 PPC 2011/dia para extrema pobreza e US$ 5,50 PPC 2011/dia para pobreza."

Deixei a companhia dos meus pais, na adolescência, por duas vezes para estudar: morei por um ano em Cuiabá, na casa da irmã do meu cunhado, Dona Maria; e mais tarde, em Rondonópolis, na casa de Arnaldo, meu irmão por parte de pai. Fui sempre bem acolhida e tive a oportunidade de estudar em boas escolas públicas.

Em 1980, mudei-me definitivamente para Campo Grande, MS, para cursar faculdade e trabalhar. Morava com a tia Juscelina e o tio Gumercindo, por quem tenho muita gratidão, pois me receberam e me trataram como filha, durante quase vinte anos.

Todos os anos, visitava meus pais em Cuiabá ou eles iam me visitar. No final de 1981, Josino e Magnólia continuaram o êxodo familiar. Os demais membros da família mudaram-se para Cuiabá (1983), por influência de Zilza e Zenildo. Foi uma mudança que causou dor e tristeza por deixar a cidade onde vivemos por muitos anos, uma vez que elos de amizades e parentescos ficaram para trás.

Pudemos dar melhor condição de vida aos nossos pais, retribuindo o que fizeram por nós.

Nos momentos difíceis e alegres sempre estivemos juntos, um apoiando o outro e cada um ajudando da melhor forma.

Em 1985, meus pais, irmãos e cunhado participaram da minha formatura em bacharel de administração. Foi uma grande festa e alegria para todos nós, eu era a primeira que concluía um curso universitário. Meus pais ficaram muito orgulhosos e a minha alegria era maior pela felicidade deles. Foi um momento marcante de celebração e reconhecimento de todo o esforço que tive ao longo da jornada acadêmica.

A partida do pai

Em dezembro de 1994, o meu pai faleceu aos 90 anos, em Cuiabá, MT. Foi internado com infecção pulmonar. Só existiam os telefones convencionais, mas a família me mantinha informada do seu quadro de saúde. Eu acreditava que logo ele se restabeleceria e estaria de volta à casa.

Mas não foi assim! Certo dia, durante o intervalo do almoço, descansava no próprio local de trabalho, o telefone tocou, corri para atender. Era minha irmã dando a notícia que nunca gostaria de ter recebido. No dia em que estava prevista a alta, ocorreu o óbito e nem chegou a sair do hospital.

Faltou o chão, as lágrimas como gotas de chuva grossa escorriam pela minha face. O desespero foi muito grande pela dor da perda da pessoa que me amava e que eu amava muito. Nunca tinha perdido alguém da minha família, foi uma experiência dolorosa e traumática.

Assim que soube do falecimento, peguei o primeiro voo e fui para Cuiabá, cheguei antes do corpo dele. Culpei-me por muito tempo por não ter tido tempo de ir visitá-lo enquanto estava internado. Faltava uma semana para minhas férias e eu pretendia passá-las com ele e minha mãe.

Ele não conseguiu me esperar. Só depois fiquei sabendo que ele queria falar comigo. E me questionava: por que não fui visitá-lo antes?

Essa dor e arrependimento foram angustiantes, deixando uma marca em meu coração. Aprendi a valorizar cada momento com aqueles que amo, sem deixar para depois o que pode ser feito hoje.

As marcas cravadas na alma pelos acontecimentos importantes e impactantes servem de **aprendizado e de evolução.**

A partir desse dia, prometi a mim mesma que minha família estaria em primeiro lugar, pois até então o trabalho sempre esteve em primeiro lugar.

Lógico! Agora consigo lidar com ambos, sem que um afete ou prejudique o outro; porém nos últimos anos Deus ocupa o primeiro lugar na minha vida. Atualmente é mais nítido, para mim, que com Deus tudo é possível.

Essa mudança de prioridades trouxe um novo sentido e direção para minha vida. A fé e a confiança em Deus fortalecem minha capacidade de lidar com desafios e de dedicar tempo e amor à minha família, sem negligenciar minhas responsabilidades profissionais. Assim, encontrei um equilíbrio que me permite viver com propósito e paz interior, sabendo que estou seguindo o caminho certo com a orientação divina.

A noite que mudou minha vida

Poucos dias após a morte do meu pai, vivi uma experiência indescritível. Naquela noite, como de costume, rezei, apaguei a luz e me deitei. Meu quarto, com janelas de venezianas, ficava escuro igual breu, mas era acostumada dormir no escuro.

No entanto, essa noite foi diferente. Em um estado entre o sono e a vigília, algo estranho começou a acontecer. Senti a cama girar cada vez mais forte, uma sensação totalmente nova e assustadora. Eu estava impotente. De repente, senti meu corpo flutuar, e me vi sentada em um banco ao lado do meu pai. Não lembro o que ele disse, mas a sensação de sua presença foi intensa.

Após alguns instantes, que pareceram eternos, voltei ao normal, porém com uma sensação desconfortável e de medo. Desde então, nunca mais consegui dormir no escuro. Preciso de um abajur ou da luz do banheiro acesa, claridade do ar condicionado ou do umidificador de ar até hoje. Não era medo do meu pai, mas da escuridão e de acontecer algo estranho de novo.

Já tive muitos sonhos e pesadelos, mas esse foi diferente. Não foi apenas um sonho. Eu vivi e senti cada momento. Esse episódio me deixou abalada e procurei ajuda espiritual.

Fui aconselhada a rezar pela alma do meu pai com as seguintes palavras: "Peço aos espíritos evoluídos que ajudem a alma do meu pai a evoluir espiritualmente e a se desprender da vida terrena." Rezei essa oração todas as noites por muito tempo. Foi um consolo valioso, que estendi a todos os meus familiares que já partiram.

Segundo Pe. Fábio de Melo, a igreja católica não acredita na comunicação com os mortos. O sonho com os mortos são revelações do nosso inconsciente, registros, sinais para que pensemos sobre a nossa postura. Não devemos pensar que seja uma determinação daquele que morreu sobre a sua vida. Não devemos dar um significado sobrenatural para aquilo que não é sobrenatural, mas precisamos respeitar as realidades naturais, que é uma maneira inteligente de viver a fé encarnada.

Por outro lado, o trabalhador espírita Marco César Kruger explica como se dá a comunicação com os espíritos: "Pode se dar de duas formas básicas: enquanto dormimos, ou através de um médium. A primeira acontece diariamente durante o sono e nos libertamos momentaneamente do corpo físico para nos comunicarmos. A segunda, através de médiuns, pode ser oculta ou ostensiva, pois os médiuns são considerados intermediários entre os espíritos e os encarnados. É uma missão que deve ser desenvolvida através de exercício, e o médium precisa ter cuidado com sua moral, pois os espíritos que podem se aproximar são atraídos em razão de sua simpatia pela natureza moral que os evoca. Na Bíblia, muitos foram os exemplos de comunicabilidade, através dos chamados santos e profetas, mostrando assim que o diálogo sempre se deu, e que a Doutrina veio para desmistificar e explicar várias destas passagens."

Acredito que, no meu caso, tive um encontro espiritual com meu pai. Eu era a filha distante quando ele faleceu, e seu desejo era falar comigo, algo que só descobri mais tarde.

O meu pai era um homem simples, de poucas letras, todavia, de grande sabedoria e generosidade. Eu o amava e sabia do amor dele por mim, por minha mãe e pela família. Não estar presente no momento da sua morte, não me despedir dele em vida foi desesperador e convivi com essa tristeza por muito tempo até entender e aceitar que ele havia cumprido com sua missão na terra e estava em um novo plano.

O meu amor por ele é eterno. Sou grata por tudo o que fez por mim, pela minha mãe e por minha família, por nossa educação, valores e bons exemplos.

A minha mãe conviveu com ele por mais de trinta e sete anos, foi ele que a amparou no momento mais difícil. Ele foi não só o pai dos seus próprios filhos, mas também do primeiro casamento, que adotou e deu seu nome. Foi uma vida repleta de histórias de luta e persistência para criar e educar os oito filhos. Juntos, enfrentaram desafios e superaram dificuldades, construindo uma família unida e cheia de amor. Seu legado de dedicação e comprometimento continua vivo em cada um de nós, inspirando-nos a seguir adiante com os valores que ele nos ensinou.

Quando minha mãe ficou viúva, teve a companhia de netos, que foram morar com ela, e teve o acompanhamento dos filhos. Ela morava ao lado da casa do filho mais velho, Zenildo. Eu era a única filha que estava mais distante.

Praticar o amor é simples

1. Que lembranças você tem da sua infância? Como você lida com essas lembranças?
   ....
   ....
   ....

2. Como foi o seu relacionamento com sua mãe e com seu pai na infância e adolescência?
   ....
   ....
   ....

Na minha família faltava dinheiro e conforto, mas não faltava amor. Mesmo na simplicidade, a família era unida e mantinha a esperança de vencer. Assim, íamos vivendo e sobrevivendo juntos, apoiando-nos mutuamente nos momentos difíceis e celebrando as pequenas alegrias da vida:

- Valorizando cada conquista por menor que seja — o primeiro emprego, a primeira casa de material, a colação de grau nos estudos, o casamento, o nascimento dos filhos, o passeio em família, o primeiro carro...
- O que possuía era dividido entre todos — os filhos que trabalhavam davam todo ou maior parte do seu salário para ajudar a prover a família.
- A educação dos filhos era prioridade — para meus pais era o estudo que levaria os filhos para outros patamares.
- O exemplo dos nossos pais foi sendo passado aos filhos — os netos receberam os ensinamentos e exemplos deixados pelos avós.
- Estávamos sempre juntos no amor e na dor — a solidariedade e ajuda mútua unia a família nos momentos felizes e de tristezas.
- A fé que movia minha mãe serviu de exemplo aos filhos.
- O respeito e gratidão pelos nossos pais é questão de honra — todos os filhos e filhas valorizam e são gratos pelos princípios e valores deixados pelos nossos pais.

CAPÍTULO 3

Recomeço

*A convivência amorosa fortalece
a união entre mãe e filha.*

NAS ASAS DA CORAGEM

Em meados de 2001, Dona Lurdes foi mais uma vez passear em Campo Grande, MS, para acompanhar o nascimento de uma das suas netas, filha da Egmar. Ela queria cuidar da filha, no período da dieta (período pós-parto). Ficamos felizes com a visita.

> **Ainda era forte e tinha muita disposição.** Tinha o vigor e a força, sempre atenta nas atitudes e sábia nas palavras.

Vinte dias antes do parto de Egmar, levei minha mãe ao cardiologista para exame de rotina. A pressão estava muito alta, foi encaminhada para o hospital para fazer cateterismo.

No final do exame, ficou internada, o caso era grave, precisava fazer cirurgia do coração com urgência, colocar ponte de safena. O exame constatou que o lado esquerdo do seu coração estava comprometido, com apenas 5% de possibilidade de continuar vivendo.

Perdi o chão, fiquei desesperada. Sozinha, chorei e pedi a Deus e à Nossa Senhora pela vida dela. Era minha mãe e ela era a pessoa que eu mais amava.

Aos prantos e muito nervosa, comuniquei à família o seu estado de saúde. A maioria morava em Cuiabá, apenas minha irmã que estava prestes a dar à luz se encontrava em casa.

O médico-cirurgião precisava ter uma reunião urgente com toda a família, pois a situação delicada não podia esperar. Ela tinha 76 anos, sem nenhuma noção da gravidade. Eu não aceitava perder minha mãe, por nada, especialmente depois de já ter enfrentado uma grande perda anteriormente.

No outro dia, todos os irmãos e irmãs estavam reunidos no hospital com o médico cardiologista. Ele explicou os riscos de fazer a cirurgia e os riscos que ela correria se não fizesse. Não tinha saída. Decidimos pela cirurgia e nos apegamos a Deus e à Nossa Senhora. Todos os dias fazíamos oração juntos.

Apesar de não estar mais frequentando a igreja, até por dificuldades de permanecer por muito tempo sentada, por problemas na coluna, minha mãe era muito religiosa e tinha muita fé. Rezava muito em casa. Esse grave problema de saúde foi mais uma prova de Deus na nossa vida.

Feitos os exames necessários, foi realizada a cirurgia, houve complicações, mas com a intercessão de Nossa Senhora, ela sobreviveu e quatro meses depois estava totalmente recuperada, feliz; e os seus filhos, mais felizes ainda.

Após a cirurgia decidimos que ela precisava morar com um dos filhos, e ela decidiu morar comigo, em razão, principalmente, de eu ser a única filha solteira. No fundo, ela queria cuidar de mim.

Ela dizia: "amo todos meus filhos, genros, noras e netos, mas me sinto melhor morando com você, que é solteira". Era uma pessoa sábia e discreta.

Por outro lado, todos os filhos, noras, genros e netos também a amavam muito, o amor era recíproco. Ela nunca interferiu na vida familiar dos filhos, sempre respeitava todos e dava a razão para quem a tinha.

Possuía o dom do aconselhamento, senso de justiça e imparcialidade, quando procurada.

Fiquei muito feliz com a decisão de morar comigo, ela conseguia andar e fazer suas atividades pessoais sozinha. Como eu trabalhava e não podia deixá-la sozinha, minha tia Juscelina, sua irmã, que também era viúva, lhe fazia companhia.

Elas se davam muito bem e conversavam muito, faziam caminhadas dentro do pátio do condomínio. Tornaram-se companheiras do bom papo e da boa companhia.

Sempre preocupada comigo, eu não podia chegar atrasada. Ela cuidava de mim e eu cuidava dela. Fazia tudo para agradá-la e deixá-la feliz. Eu queria compensar tudo o que não tinha tido até então e todo o sofrimento vivido. Ela merecia todo cuidado e amor do mundo.

Ela merecia tudo do melhor, pois a sua vida foi de muitos desafios e dificuldades, e mesmo assim sempre se manteve firme e forte, superando e vencendo cada obstáculo que surgia em seu caminho.

Depois que minha mãe se recuperou da cirurgia do coração, brincávamos com ela dizendo que agora tinha um coração jovem e que poderia até se apaixonar. Ela ria e ficava feliz.

O médico cardiologista em Campo Grande, MS, era seu médico preferido. Foi ele que diagnosticou o problema no coração, era muito atencioso e carinhoso com ela. Recebia-a com um beijo na testa e com respeito, brincava com ela e tirava algumas gargalhadas dela. O carinho dele a deixava supercontente e eu mais ainda.

Médico não é apenas para identificar o diagnóstico do paciente, dar a receita e acompanhar o tratamento. É muito mais, é fazer com que o paciente se sinta cuidado, com amor e carinho, e crie um relacionamento de confiança. Isso contribui na recuperação mais rápida do paciente.

Quando minha mãe ficava internada, ele a acompanhava pelo menos com visita, em caso de não trabalhar naquele hospital. A confiança da minha mãe e da nossa família nele era grande.

Após cerca de três anos da recuperação da cirurgia, a mãe nos deu novo susto.

Eu estava viajando a trabalho e minha irmã Egmar estava com ela. Recebi um telefonema informando que ela estava internada com início de AVC, mas ainda não sabia qual a gravidade.

No mesmo instante peguei um ônibus e retornei para Campo Grande. Após quatro horas de viagem, chegava ao hospital, com muita preocupação e o coração novamente partido de muita dor. Eu não aceitava perdê-la. Ela já tinha passado por uma prova de saúde, merecia viver e ter saúde.

No fundo, eu acreditava, tinha fé na sua força e que ela ia sair dessa também. A única informação do médico era para aguardar o exame da tomografia. No outro dia, a resposta veio, não foi AVC hemorrágico, foi mais leve, o que nos deixou mais tranquilos. Esse AVC deixou minha mãe com paralisia do lado direito.

Mais uma vez, a família reunida em minha casa acompanhando e visitando-a no hospital. A família sempre se uniu em momentos de comemorar os aniversários dela, assim como nos momentos em que enfrentava sérios problemas de saúde. Todos se deslocavam de onde estivessem e, no dia seguinte, um confortava o outro, unidos no apoio e no cuidado dedicado à nossa mãe.

Morávamos num apartamento pequeno, mas todos queriam ficar juntos ali. Era como o coração de minha mãe, cabiam todos.

Com poucos dias, já se encontrava em casa. Zilza, que era enfermeira, e minha cunhada, posteriormente, vieram cuidar dela. Ela foi atendida por fonoaudióloga e terapeuta em casa.

Mais uma vez, com a graça de Deus se recuperou rápido, voltou a falar normalmente e já movimentava a perna e o braço.

Com o passar dos dias, os cuidados e nosso amor, ela ficou curada, sem sequelas. Eu aprendi a medir a pressão arterial, pois ela era hipertensa e carecia de cuidados constantes.

Nessa ocasião mudamos de apartamento para o térreo, pois morávamos no segundo andar e várias vezes foi preciso subir e descer com ela em cadeira de fio, pois não conseguia mais subir as escadas. Não tinha elevador, era um prédio de apenas três andares. Por esse motivo, passamos a morar em apartamento térreo, o que facilitou para todos nós.

As cuidadoras

Logo que se recuperou da cirurgia do coração, conseguia andar e se cuidar sozinha, e a irmã fazia companhia enquanto eu trabalhava.

Eram duas irmãs que se davam muito bem e tinham muitas histórias para trocar e relembrar.

Porém, após o AVC, apesar da recuperação, cheguei à conclusão de que era o momento de contratar uma pessoa para cuidar dela, pois devido a dores na coluna, tinha limitações para andar, precisava ser segurada pelo braço e só conseguia caminhar no máximo de um cômodo a outro.

A tia não tinha condições para fazer isso. Foi aí que contratei a primeira cuidadora dela. Na verdade, ela não era cuidadora de idosos. Era uma amiga de minha irmã que estava passando por problemas de separação conjugal e precisava de um local para morar e trabalhar para se manter. Resolvemos dar uma oportunidade a ela.

Mesmo assim, a tia passava o dia conosco e preparava a alimentação da minha mãe. Eu não confiava deixá-la sozinha com outra pessoa, na tia eu confiava. Sabia que qualquer problema, ela entraria em contato comigo, imediatamente, e eu podia trabalhar despreocupada.

Com menos de um mês de trabalho, num final de semana, minha mãe estava muito zangada, disse que não queria mais aquela mulher cuidando dela. Falou que a mulher foi brusca com ela na hora do banho.

Nesse dia, a cuidadora passou o dia na casa de uma amiga, eu não pensei duas vezes, liguei para apenas ir buscar as suas coisas e receber o pagamento.

Ela tentou se justificar, mas não havia justificativa. Eu não aceitava que alguém maltratasse a mãe, em hipótese alguma, principalmente, alguém a quem dei abrigo. O mínimo que esperava e exigia era um tratamento com cuidado e carinho com minha mãe.

No outro dia, Egmar veio ficar com ela até conseguir outra pessoa para cuidar dela. Em poucos dias, conseguimos a Dona Eva, sogra do meu primo, que topou cuidar da minha mãe. Ela foi uma boa companhia e cuidadora.

Ela levava pãozinho de queijo ou outro agrado, era muito paciente e a mãe gostava muito dela, porém, após alguns meses, teve que fazer cirurgia de varizes e não pôde continuar trabalhando.

Mais uma vez minha irmã deixou a família e foi cuidar da nossa mãe enquanto eu trabalhava. Coloquei um aviso na portaria do condomínio e em dois dias apareceu a Arlete, uma senhora muito interessada, alegre e disposta, e já começou. Ela morava no mesmo condomínio e tinha o curso de cuidadora.

A minha mãe foi a primeira cliente. Foi amor à primeira vista e havia muita reciprocidade nesse bem-querer.

A Arlete a chamava carinhosamente de vó, sempre sorrindo e com um ótimo astral. Ela trabalhou por mais de dois anos como cuidadora e só saiu porque passou em um concurso público.

De manhã, quando chegava antes de eu sair para o serviço, ia direto para o quarto e dava-lhe beijos e abraços, ainda deitada, fazia piadas e ambas se divertiam.

A mãe já levantava de bom humor e passava o dia assim. Nesse período, já precisava de cadeira de banho, pois não conseguia ficar por muito tempo em pé. Nunca tive uma reclamação sobre o trabalho dessa cuidadora. Pelo contrário, sempre recebeu elogios.

Toda vez que a mãe participava de alguma festa de aniversário na casa de minha irmã, já exigia tirar um pedaço de bolo para a Arlete.

A Arlete me contou que um dia, quando estava dando banho na mãe, ela perguntou:

— Posso te fazer um pedido?

A Arlete sempre sorridente respondeu:

— Pode, vó.

— Quando eu morrer, posso levar você comigo?

A Arlete, mais que depressa, disse:

— Vó, me peça outra coisa. Risos...

A minha mãe procurava sempre dividir tudo que comia com ela. Era um prazer para ela agradar a Arlete e a recíproca sempre foi verdadeira.

Todos da família sentimos muito quando ela deixou de cuidá-la para assumir o outro trabalho, mas ficou a amizade e, sempre que era possível, ela visitava a minha mãe.

Nos finais de semana, feriados e à noite, eu cuidava dela, dava os remédios no horário certo, fazia a comida, ajudava no banho. Comprei tantas pomadas para dor na coluna, que nem sei qual foi a melhor. Eu queria aliviar as dores intensas que muitas vezes ela sentia.

Ela também fez acupuntura por duas vezes e não reclamou das agulhas. Comprei um colchão magnético para dar mais conforto, estava muito preocupada de ela não gostar, porque era firme e duro, mas se adaptou muito rápido ao colchão.

Dormíamos no mesmo quarto, na mesma cama. Era uma forma de eu estar ao lado dela, caso ela sentisse alguma coisa à noite. Meu sono se tornou muito leve. Qualquer movimento, já estava perguntando se estava sentindo alguma coisa.

Às vezes, me levantava para fazer um chá ou dar algum remédio. Ela evitava me incomodar e dizia:

— Você tem que dormir, pois amanhã vai trabalhar.

Eu só dormia bem se ela também dormisse bem.

Assim que a Arlete saiu, Egmar mais uma vez veio, mas logo consegui contratar outra senhora, a Neia, que já tinha trabalhado como cuidadora. Era uma profissional mais séria, de poucos riscos. Nos três primeiros dias a mãe não estava muito contente, pois ainda sentia muita falta da Arlete.

Ela chegou a falar comigo, na frente da senhora, que não era para assinar a sua carteira, porque não gostou dela. Conversei muito com ela e pedi que desse uma chance para a nova cuidadora. Que na primeira semana a pessoa está se adaptando ao novo trabalho. Ela não estava querendo, mas concordou e aceitou.

Conversei também com a Neia e expliquei como a Arlete cuidava da minha mãe com muito carinho, brincavam muito. E antes da semana terminar minha mãe me disse:

— Pode contratar, eu estava enganada, já gosto dela.

E daí em diante as duas se entenderam muito bem e pude ficar tranquila, porque sabia que a mãe estava sendo bem-cuidada. Ela e minha mãe tinham um ótimo relacionamento. A Neia era muito responsável e eu podia confiar no seu trabalho.

Tenho também muita gratidão pela Neia, pelos seus cuidados, dedicação e carinho que sempre teve até o final.

Por mais duas vezes, a minha mãe teve AVC e tive que correr com ela para o hospital. De imediato, podia contar com a Egmar, que morava mais perto, que no mesmo momento deixava a família e vinha fazer os acompanhamentos necessários.

Contava também com a tia, que sempre esteve conosco e com a Neia, e sempre revezava conosco no hospital. Já os demais irmãos moravam em outro estado. Nunca deixamos a mãe sozinha, com exceção de quando estava no CTI, mas sempre estávamos lá nos horários de visita.

A Egmar era a "brigona" no hospital, caso precisasse, para exigir melhores cuidados à nossa mãe. Eu não era boa nisso, apesar de concordar. Nesses momentos eu ficava abalada emocionalmente, era mais fácil chorar do que reclamar.

Para evitar maiores problemas, eu, minha irmã e a Neia, quando estávamos acompanhando a mãe no hospital, fazíamos a troca de fralda e dávamos banho nela. Só pedíamos para os enfermeiros ajudar a descer e colocá-la na cama. Assim, não precisava ficar esperando e reclamando pela demora de enfermeiros para atendê-la.

A mãe tinha muita vontade de viver, aliada à fé, aos cuidados médicos e ao amor e carinho da família. Assim, recuperou-se de todos os AVCs, que não deixaram nenhuma sequela.

Passou a usar fralda geriátrica, pois usava medicamento diurético, para evitar andar, já que não tinha muita força nas pernas, além de dores na coluna.

No início houve muita resistência, mas fomos conversando e falando dos benefícios da fralda e que ela não precisava se preocupar em correr para fazer o xixi, assim ela passou a aceitar.

Usou fralda durante os últimos anos de vida e nunca teve assadura e nem mau cheiro no quarto. Não ficava com fralda molhada. Era trocada sempre que necessário.

Nas trocas de fralda era feita a higienização, com água e sabonete e depois um creme ou óleo hidratante. Ela se acostumou tanto com a fralda que se sentia bem e não a incomodava mais. Para ficar mais natural, colocávamos a calcinha por cima da fralda.

Ser cuidadora de idosos é uma profissão que exige dedicação, compaixão e uma série de habilidades práticas e emocionais. O impacto positivo que esses profissionais têm na vida dos idosos e suas famílias é imensurável, fazendo deste um trabalho profundamente gratificante e essencial para o bem-estar da sociedade, proporcionando cuidados essenciais e apoio a pessoas idosas que necessitam de assistência nas atividades diárias.

É indispensável ter referência dessa profissional e buscar ter um relacionamento de confiança e gratidão pela pessoa que vai cuidar de sua mãe. E estar sempre atenta a qualquer mudança de comportamento e atitude de sua mãe.

> **Somos recompensados por tudo o que fazemos com amor pela nossa mãe.**

O subconsciente

Em uma das noites, por reação de um remédio para dormir, a mãe passou a noite perturbada e procurava descer da cama sozinha, mesmo com dificuldades. Ia escorregando, lentamente, para tentar conseguir levantar, mas sozinha era arriscado cair. Foi uma noite interminável!

A tia e eu a levantamos e fomos para a sala, pois ninguém conseguia mantê-la na cama. Ela delirava e de madrugada queria que abrisse a porta para ela ir procurar seus filhos que, segundo ela, estavam abandonados.

Apesar das limitações, ela tinha muita força e tínhamos dificuldade em mantê-la sentada. Tive que simular uma ligação para minha irmã, dizendo que seus filhos estavam com minha irmã. Ela concordava, mas dentro de pouco tempo já queria se levantar e ir à procura deles.

Fingi que fui atrás deles e disse que estavam bem. Essa labuta durou horas e o dia já amanhecia quando conseguimos colocá-la na cama.

Naquele momento, a tia, a minha irmã e eu acreditamos que no subconsciente os dois filhos que ela estava querendo ir atrás eram a Dalvina e o José, seus dois primeiros filhos, que morreram de sarampo. Foi muito triste essa cena.

Muitos fatos e experiências vão ficando armazenados no subconsciente e em alguns momentos surge um gatilho emocional (estímulos que agem diretamente no cérebro).

Segundo a Dra. Vanessa Dockhorn, psicóloga e neuropsicóloga, "Os gatilhos emocionais podem ser pessoas, palavras, opiniões ou situações que provocam uma reação emocional intensa e excessiva dentro de nós. Entre as emoções mais corriqueiras estão raiva, tristeza e medo. Embora muitos considerem uma bobagem, o assunto é sério e tem fundamento teórico dentro da psicologia. O perigo dos gatilhos é que qualquer coisa pode desencadeá-los, e suas variações dependem das crenças, valores e experiências anteriores de cada indivíduo. Por isso, aquilo que é um gatilho para uma pessoa, não é para outra, o que torna o tratamento dessa condição um pouco mais complexo".

De acordo com Elainne Ourives, pesquisadora nos campos da Reprogramação Mental, Física Quântica e Neurociência, "nossa mente não distingue o real do imaginário, no momento do disparo desse gatilho, normalmente a pessoa não consegue controlar os seus sentimentos, pois para o inconsciente aquela situação está acontecendo agora".

Foi o que ocorreu com minha mãe, o disparo de um gatilho emocional, ela estava vivendo uma realidade do passado naquele momento como se fosse real, a perda dos dois primeiros filhos quando crianças, que ocorreu no mesmo dia.

Dessa forma, emocionalmente, ela sentia e via seus filhos sozinhos e abandonados, precisando de proteção, de amor. E como ela os perdeu, precisava procurá-los, socorrê-los e ampará-los no colo de mãe, como se ainda estivessem vivos e precisassem dela mais do que nunca.

No outro dia, procurei o seu cardiologista, porém não tinha sido ele que receitou o medicamento, mas diante do ocorrido mandou suspender. Com a suspensão do remédio, ela não teve mais nenhum delírio. Eu agradeço muito a Deus por ela ter permanecido lúcida em toda a vida.

Eu rezava e pedia a Deus que ela tivesse sempre uma boa memória, e ela tinha, mas no momento causou muita preocupação, porém foi algo passageiro.

Egmar e eu evitávamos dar notícia triste para ela. Só contávamos algum fato desagradável após resolver a situação, para preservá-la de preocupações ou aborrecimentos. Ela pressentia acontecimentos com os filhos.

O prazer de dar presentes

A mãe lembrava a data de aniversário de todos os filhos e netos. Era um prazer dar presentes. Para os que estavam distantes, ligava para dar os parabéns.

Ela gostava também de agradar às pessoas que a tratavam bem. No meu aniversário, dava-me dinheiro e pedia que eu comprasse o meu presente. Eu comprava e entregava para ela e, no momento certo, me dava os parabéns com um forte abraço e entregava o presente.

Eu agradecia com outro abraço. Era uma alegria e satisfação para ela comemorar esses momentos. Vários finais de semana e feriados, a mãe, a tia e eu programávamos passar na chácara da minha irmã Egmar, em Sidrolândia, MS.

É um lugar muito bonito, com uma casa grande, com varandas em volta, pátio enorme, com uma cerca de tijolos de quase um metro de altura e um gramado verde bem-cuidado, em volta de toda a casa. Um lindo pomar, galinhas, porcos e vacas. Além disso, muitos pássaros alegram o amanhecer e o entardecer com seus cantos.

É muito lindo o nascer e o pôr do sol. A mãe ficava alegre quando íamos para a chácara. Eu ia dirigindo e conversávamos a estrada toda, que durava em torno de uma hora e meia, pois eu não gostava de correr. A minha mãe já conhecia todo o trajeto e a cada momento dizia: "Já estamos chegando no 'bolicho seco'!", local da parada obrigatória para ir ao banheiro.

Em seguida, dizia: "Estamos chegando em Sidrolândia".

Quando passava pelos dois grandes lagos, um de cada lado da rodovia, ela sabia que estávamos próximas.

Era muito divertida a viagem. Eu me sentia feliz com a felicidade da minha mãe. Quando chegávamos, era festa e Egmar fazia questão de cuidar dela.

Durante o final de semana na chácara, tinha galinha caipira, queijo, doce de leite, bolo de arroz e muitas outras coisas gostosas.

A mãe comia pouco, mas se alimentava bem e gostava de comer o que não podia. Eu era mais exigente com a alimentação dela, mas na chácara, minha irmã procurava fazer os gostos dela.

Pela manhã e no final da tarde, nos sentávamos na varanda apreciando a natureza, vendo as galinhas, vacas e pássaros que enchiam os pés de laranjas em frente à casa.

Egmar tinha muita liberdade com a nossa mãe e brincava muito com ela, contava piadas e fazia graça para ela rir. Comemorávamos os aniversários da mãe, o meu, dos netos, da minha irmã e do meu cunhado nessa chácara, onde minha irmã ainda mora.

O bolo não podia faltar, nem o presente dela para o aniversariante. Gostava muito de dar presentes, era uma felicidade para ela.

Quando ela queria dar um presente melhor (um notebook para a neta no aniversário de 13 anos), me convidava para comprarmos juntas.

Uma vez levamos o bolo de aniversário de Campo Grande para comemorar o aniversário do neto, que morava na chácara.

Ela sentada no banco da frente, durante a viagem, levou o bolo no colo bem-embalado, porém quando chegamos ele estava deformado pelos movimentos na estrada, mas ela fez o possível para mantê-lo inteiro.

A sua única renda

A minha mãe recebia uma pensão deixada pela morte do seu marido, meu pai, no valor de um salário mínimo. Eu era a procuradora e retirava no banco o dinheiro. Quando chegava, entregava para ela. Ela dividia o dinheiro e dizia:

— Este é para ajudar a pagar o meu plano de saúde.

O Plano de Saúde era assumido por quatro irmãos. Aliás, os planos de saúde para idosos são caros. E foi com esse plano que conseguiu fazer todos os exames, internações e cirurgia do coração e as demais vezes que precisou consultar, fazer exames e ficar internada. A sua manutenção era prioridade para a nossa família. Para outra parte do dinheiro ela dizia:

— Este é para ajudar a pagar a cuidadora. Este é para comprar alguma coisa para ela.

Se tinha algum aniversariante, dava uma parte para comprar o presente, e assim ia distribuindo o dinheiro. Ela tinha o prazer de fazer essa divisão e o que sobrava, guardava.

Eu nunca interferi ou usei qualquer dinheiro dela. Eu ficava contente de vê-la fazendo as contas e a divisão do dinheiro. Era uma forma de se sentir útil, contribuindo para a família. Ela administrava o dinheiro e se sentia bem fazendo isso. Respeitar essa autonomia dela era uma maneira de demonstrar meu amor e reconhecimento por sua dedicação e capacidade. Ver a satisfação dela em realizar essas tarefas me enchia de orgulho e alegria.

> Temos que ajudar os nossos pais, **PRINCIPALMENTE, quando já idosos,** para continuarem se sentindo úteis e capazes. Não subestime a capacidade deles e nem destrua seus sonhos.

Deixe que eles administrem o próprio dinheiro, caso tenham condições de fazer isso. Lógico, com sua ajuda, mas a autonomia deles deve ser respeitada. É revoltante saber que existem filhos que utilizam todo o dinheiro da aposentadoria da mãe ou do pai e ainda fazem empréstimos em nome deles sem ao menos consultá-los.

Eles merecem dignidade e a satisfação de sentir que ainda podem contribuir e gerir suas próprias vidas. Valorize e apoie essa autonomia, garantindo que eles se sintam úteis e respeitados.

Lembre-se: o que plantamos hoje, **colhemos amanhã.**

O sonho de conhecer o mar

Eu e meus irmãos levamos, por duas vezes, a mãe para passear na praia, nas férias, em janeiro dos anos de 2000 e 2009.

Ela não conhecia o mar. Muitos têm o sonho de conhecer o mar. Foi a realização de um sonho. Na primeira vez, em 2000, ainda estava saudável e forte. Fomos, ela e eu, de avião de Campo Grande, MS, a Natal, Rio Grande do Norte.

Chegando em Natal, Josino e família nos recepcionaram no aeroporto. Eles fizeram a viagem por rodovia, saindo de Cuiabá, MT, e já estavam na cidade, com outra família, nossos amigos.

Na mesma noite, saímos para jantar e percebi que a mãe estava encantada com a cidade praiana, não só pela beleza, mas pela brisa constante formada pela maresia vinda do oceano. Simultaneamente, percebia a sua ansiedade para conhecer o mar.

E conhecer o mar, para nós, do cerrado do Centro-Oeste, não seria possível sem provar se a água era de fato salgada. Era necessário "provar", literalmente, com um pequeno gole.

No outro dia, hospedados num ótimo hotel, após o café da manhã, saímos com destino às praias do litoral sul, numa localidade conhecida como Pirangi do Sul.

A mãe usava um maiô e uma bermuda comprida, amarela, de malha, chapéu de abas largas e óculos escuros, uma verdadeira turista; e se sentia muito bem. Fazia poses para tirar fotos.

Ali, presenciamos a cena mais emocionante, mais alegre, mais contagiante, indescritível e mágica: o seu primeiro mergulho nas águas salgadas.

Antes, ao chegar à praia e se aproximar do mar, com a roupa e o cabelo esvoaçantes, devido ao vento forte, nos deparamos com uma criança de 77 anos, emocionada, feliz, sorridente e muito articulada, fazendo graça e comemorando algo que jamais imaginara presenciar.

Quando sentiu ser possível dar um bom mergulho, com a água nos joelhos, atirou-se com chapéu e tudo e imediatamente saiu bradando, como alguém que experimentara algo horrível, que a água era salgada demais.

Foram risos e mais risos...

Esses momentos refletem a essência da minha mãe: uma pessoa cheia de vida, que sabia como se divertir e espalhar alegria ao seu redor. Ela era uma mulher de espírito jovem e entusiasmado, que nos ensinou a valorizar cada momento. Suas risadas e sua energia contagiante são lembranças que guardarei para sempre com muito carinho.

No outro dia, rumamos para o litoral norte, para praia de Genipabu, a vinte quilômetros da capital, para fazer passeio de Buggy. No percurso, havia inúmeros lagos de água doce, bem rasos e de água quente, onde podíamos tomar banhos deliciosos, com muita tranquilidade.

Nesse dia, saindo do hotel, embarcamos em três Buggys, meu irmão perguntava para cada um se queria um passeio com emoção ou sem emoção.

Para quem não conhece o litoral norte de Natal, convém informar que é formado por grandes dunas, em um trecho considerável, que possibilita passear de Buggy, em condições de causar maior ou menor emoção, sempre ao gosto e anuência do turista. Somente bugueiros experientes poderiam transportar pessoas.

A mãe foi a primeira a dizer com emoção, enquanto eu, que tenho medo de altura, disse sem emoção. Tive que aceitar a decisão da maioria. Eu e ela fomos juntas e, quando o Buggy subia aquelas dunas lindas e altas, perguntei ao bugueiro:

— Há quanto tempo você dirige nas dunas?

Ele respondeu, ironicamente, para causar mais expectativa:

— Esta é a primeira vez.

E de repente desceu, eu gritava muito, enquanto mãe, irmão, cunhada, sobrinhos e amigos riam muito e se divertiam. Apenas eu estava assustada e com medo. O bugueiro entrou na onda da brincadeira e disse aquilo apenas para me assustar. Realmente, foi muita emoção! Valeu a pena!

Tiramos muitas fotos. Para todos nós tudo era novidade, diversão e alegria.

Ficamos três dias em Natal e conhecemos muitas praias, como a de Pirangi do Sul, Ponta Negra, praia dos Artistas, praia do Meio, praia de Genipabu.

Visitamos diversos pontos turísticos, como o cajueiro de Pirangi, o maior cajueiro do mundo, um dos principais cartões postais do Rio Grande do Norte, que conta com aproximadamente 8.500 m² de copa, produzindo 70 mil frutas por safra, o equivalente a mais de duas toneladas e meia.

Esses momentos foram tão intensos, tão bem-vividos, que três dias passaram de forma muito rápida e trazem saudades e boas recordações, até agora, mesmo após inúmeras outras experiências. Depois, fomos para Fortaleza, Ceará, numa viagem de quinhentos e trinta quilômetros, em dois carros, um Kadett do meu irmão e um Monza da minha amiga.

Antes de chegar à capital cearense, passamos por Canoa Quebrada, onde há uma linda praia.

Hospedamo-nos num ótimo hotel, na famosa praia de Iracema. Visitamos várias outras praias, como a de Cumbuco e a praia do Futuro. Como estávamos de carro, não tínhamos muitas dificuldades quanto ao horário de ir e vir.

Em Fortaleza, há um bairro denominado Aldeota. Meu irmão, sempre no volante dirigindo, e eu, para deixar o ambiente bem-humorado, dizia:

— Seu Aldeota, vire à direita (...)!

— Aldeota, siga (...)! Risos...

Na praia do Futuro, apesar de bastante agitada, havia muitas piscinas naturais, de água muito morna. Curtíamos, tomando banho e degustando um delicioso camarão com uma cervejinha gelada e a mãe só na água de coco.

Ela conheceu uma senhora de apelido "Paizinha", uma paraense que estava experimentando a mesma aventura que ela. Fizeram amizade, conversaram e tomaram banho nas piscinas naturais por muito tempo.

Pelo roteiro que fazíamos, durante um dia inteiro, em areia fofa, muito sol, muita água salgada, ao chegar no hotel tomávamos banho e percebíamos um cansaço em todos e em especial na mãe, que se queixava de dores no corpo.

Uma das amigas que estava conosco sempre fazia massagens demoradas, que a deixavam aliviada e permitiam que ela saísse conosco para jantar e conhecer a cidade.

A segunda viagem da minha mãe com a família para a praia foi em 2009. Fomos para Aracaju, Sergipe; Maceió, Alagoas; e Costa dos Corais, Pernambuco.

Em Maceió, conhecemos a praia do Gunga. É considerada uma das praias mais bonitas do Brasil, toda cercada por coqueiros. É um paraíso, bem próxima de Maceió.

Como tem muita areia para atravessar a praia, os meus irmãos e sobrinhos colocaram a mãe numa cadeira de fio e levaram-na até a beira do mar, onde ela tomou banho conosco. Nessa praia não havia os pequenos lagos, mas todos juntos seguravam e cuidavam dela, dentro do mar. A tia Juscelina também foi e fazia companhia para, juntas, admirarem a beleza do mar, das praias e da cidade.

Num dia, final da tarde, no retorno da praia, Zenildo levou a mãe em seu carro e, como ele não conhecia a cidade, se perderam.

Nós, que chegamos primeiro, começamos a ficar preocupados com a demora deles e não tínhamos como manter contato, os celulares deles estavam descarregados.

Quando meu irmão percebeu estarem realmente perdidos, resolveu pagar um táxi, informou o local da casa que havíamos alugado e conseguiram chegar. Esse episódio deixou a mãe nervosa, e meu irmão, mais ainda;

os demais também ficaram preocupados.

Perder-se em local desconhecido é normal, o importante é se encontrar novamente.

Meus irmãos preferiam viajar de carro, pois gostavam de conhecer melhor os lugares por onde passavam. Eu e minha mãe sempre fomos de avião e nos encontrávamos no aeroporto da cidade de destino. Dessa vez, eram quatro carros e o grupo era maior.

Depois, fomos para uma praia em Cabo de Santo Agostinho, Pernambuco. A mãe já não estava muito legal, e acabou ficando mais na casa alugada do que na praia. Minha irmã e eu nos revezávamos para ficar com ela, que não tinha mais a mesma disposição da primeira viagem.

A casa ficou batizada como "casa da ferrugem", devido à quantidade de ferro e manganês no subsolo, de onde se retirava a água que servia a habitação, via poço artesiano.

Segundo Deborah Cracknell, do Aquário Marinho Nacional francês, a água do mar reduz o inchaço, pressão arterial e previne a acumulação de gordura nas artérias. Mergulhos e caminhadas na beira do mar são recomendados para quem sofre de varizes, hipertensão arterial, aterosclerose, miocardite e doença arterial coronária. Até mesmo olhar para a água do mar melhora o humor e aumenta a sensação de calma.

Conseguimos realizar seu sonho, mesmo idosa. Ela era muito determinada e não se entregava aos problemas de saúde. A alegria era estar com os filhos e netos.

Os filhos, netos, noras e genros também se sentiam muito felizes em proporcionar a ela esses passeios.

Nada melhor do que ver o sorriso da sua mãe ao realizar seu sonho. Não deixe para amanhã o que você pode fazer hoje. Poderá ser tarde.

Fizemos para ela aquilo que não conseguimos fazer para o pai, para quem, apesar de ter falecido com 90 anos, não tínhamos condições de proporcionar esses passeios, mas tivemos muito respeito e demos muito amor, carinho e cuidados. Somos gratos por termos proporcionado à mãe essas aventuras.

Viagem em família é muito importante para melhorar a convivência e estreitar os laços familiares, propiciando momentos de lazer, afeto e descontração.

Para mim, foram momentos únicos e inesquecíveis, que serviram para aproximar cada vez mais minha mãe dos filhos e netos. É possível fazer acontecer, basta se programar e priorizar o que está ao alcance. Muitas vezes, os filhos investem em passeios com os amigos e não dão oportunidade aos pais.

Seu hobby

Quando minha mãe foi morar comigo, comprei um sofá maior e confortável, pois ela passava a maior parte do tempo deitada, assistindo televisão, ou sentada, lendo livros. Ela gostava muito de ler. Eu comprava ou emprestava livros para ela.

Quando a história era muito interessante, passava horas na leitura. Ela não se importava se fosse fino ou grosso, o que importava era a história ser interessante.

Quando eu chegava do trabalho, na hora do almoço ou à noite, ela me contava a história. Interessante que ela entendia muito bem, às vezes se emocionava. Eu era uma filha "coruja" que me sentia feliz com a felicidade de minha mãe.

O último livro que ela leu foi *O Vendedor de Sonhos*, de Augusto Cury. Tirei uma foto no Dia das Mães e postei no Facebook. Eu ficava orgulhosa da mãe gostar de ler, além de ajudar preencher o tempo, criava perspectivas e contribuía para manter a memória ativa.

Pesquisa da Universidade de Madri, na Espanha, publicada na revista Nature Medicine, aponta que o ser humano continua a produzir novas células cerebrais até mesmo em idade avançada. Os cientistas detectaram que o cérebro de pessoas com 97 anos de idade continua a produzir neurônios.

Os benefícios da leitura:

1. **Ativa a memória**

O exercício cognitivo constante dos neurônios, por meio da leitura, mantém as sinapses cerebrais (transmissores) ativas e combate a perda de memória.

2. **Estimula a criatividade**

Por ser uma forma de entretenimento, a leitura pode estimular a criatividade do leitor, promovendo momentos de puro prazer.

3. **Reduz o estresse e eleva a autoestima**

Ler um bom livro pode transportar o leitor para outros mundos, longe das preocupações imediatas do dia a dia, reduzindo assim o estresse.

"'Cultivar o hábito de ler e escrever regularmente pode contribuir para preservar a memória por mais tempo. Estudo feito por pesquisadores do Centro Médico da Universidade Rush, de Chicago, com 294 idosos, indica que se dedicar a esse tipo de atividade reduz a velocidade do processo de deterioração mental. Essas práticas saudáveis podem diminuir até 15% o ritmo de progressão da perda da memória. Nosso estudo mostra que adotar atividades que estimulam o cérebro ao longo da vida, desde a infância até a idade avançada, é importante para manter a saúde mental na velhice'", diz Robert S. Wilson, principal autor do trabalho. Não abandonar esse estilo de vida com o passar dos anos também se mostrou importante. O declínio cerebral entre os idosos que liam ou escreviam com frequência ainda na velhice ocorreu em um ritmo 32% mais lento do que entre os que faziam isso com uma constância menor. Os velhos que quase nunca se dedicavam a essas atividades apresentaram uma velocidade de deterioração mental 48% maior do que os que liam e escreviam esporadicamente. Os pesquisadores acompanharam os participantes do estudo durante cerca de seis anos, até o momento de sua morte, em média aos 89 anos. Anualmente, submeteram os idosos a testes de memória e cognição e os entrevistaram sobre seus hábitos de leitura ao longo da vida. Fizeram ainda uma autópsia no cérebro dos velhos para determinar a incidência de lesões e placas associadas a demências".

Minha mãe sempre teve uma memória ativa, com o que acredito que a leitura contribuiu significativamente. Ela se lembrava de histórias do passado e do presente com detalhes vívidos e nunca esquecia as datas de aniversário de todos os filhos e netos.

Sua boa autoestima e a habilidade de reconhecer e valorizar as qualidades das pessoas ao seu redor eram inspiradoras. Ela tinha um espírito vibrante e uma sabedoria que tocava a todos que a conheciam. Seu legado de amor, sabedoria e bondade continuará a viver em nossas memórias e corações.

Apesar de muitos desafios enfrentados ao longo de sua vida, não reclamava dos problemas, agradecia pelo que tinha e com o passar dos anos queria viver até os 100 anos. Chegou perto. Viveu 92 anos.

A única vez que vi mamãe reclamando para Deus, foi ao lado do caixão de seu neto. Ela dizia:

— Meu Deus, por que levou meu neto tão jovem, com um futuro pela frente, por que não me levou no lugar dele, que já estou idosa?

O neto tinha apenas 22 anos, no auge da vida, e por fatalidade foi vítima de um acidente de moto. Foi um grande sofrimento para ela e para toda a família.

Deus tem um propósito para cada pessoa que muitas das vezes não compreendemos.

O amigo secreto

Próximo ao final de ano fizemos a brincadeira de amigo secreto, a mãe, minha tia e a cuidadora Arlete. Éramos apenas quatro pessoas, então a probabilidade de ela tirar o meu nome e eu tirar o dela era muito grande, e foi o que aconteceu.

Minha mãe sempre foi uma pessoa discreta e guardava segredos como ninguém. Ela sabia que não podia contar quem era sua amiga secreta, então manteve o segredo até a véspera do dia da revelação, quando precisou comprar o presente. Nessa hora, ela me revelou que eu era a amiga secreta dela e me deu o dinheiro para comprar o presente, que deveria ser uma calça comprida. Comprei o presente conforme ela havia pedido e ele só foi entregue a mim no momento da revelação. Ninguém mais sabia disso.

Esse momento é um exemplo perfeito de como ela era cuidadosa e atenciosa, sempre pensando nos outros e mantendo uma postura ética. Ela nunca falava mal de ninguém e sabia reconhecer e valorizar as qualidades das pessoas. Sua capacidade de guardar segredos e ser uma pessoa de confiança era apenas uma das muitas qualidades que a tornavam tão especial.

A revelação das amigas secretas foi divertida. Cada uma de nós fez seu discurso e revelou sua amiga. Trocamos presentes, trocamos abraços, rimos muito, comemos e nos alegramos.

Esse foi um dos muitos momentos com minha mãe que ficaram na lembrança. Boa recordação.

Ela tinha um grande amor por mim, muito cuidado, se sentia feliz com minha felicidade e triste quando eu estava triste. Não conseguia mais viver longe de mim e eu também não conseguia mais viver longe dela. Uma completava a outra, só faltava adivinhar os pensamentos!

Últimas comemorações

O meu irmão mais novo, Josino, teve a ideia de juntar o máximo de parentes dela para passar a virada do ano juntos, sem imaginar que aquele seria o seu último Ano-Novo.

Topamos a ideia e organizamos a comemoração da entrada do ano de 2015. Mantivemos contato e convidamos os irmãos dela e todos os filhos com as respectivas famílias e amigos.

Foi uma grande festa na chácara da Egmar, local das festas da família. Vieram também duas irmãs e um irmão com a esposa e vários sobrinhos que não se viam há muitos anos, além de amigos dela e nossos.

Apesar da alegria, ela preferia ficar mais deitada, então colocamos um sofá na varanda para se sentar ou se deitar quando quisesse, para se manter sempre perto da família.

No começo da noite, na véspera da virada do ano, fizemos uma gincana de piadas, com jurados e tudo. Os jurados eram as pessoas mais velhas: minha mãe, suas duas irmãs, seu irmão e a esposa dele. Foram feitas as inscrições, coordenadas por um dos meus irmãos. Egmar, dois irmãos, primas, eu e alguns amigos nos inscrevemos para participar da competição.

Eu só sabia uma piada e as pessoas precisavam se esforçar muito para achar graça, mas me inscrevi. O importante era participar e ter esse momento de descontração em família.

Eu contava com o voto da minha mãe e pensei que, por mais sem graça que fosse a minha piada, ela votaria em mim. Enganei-me. Na primeira rodada fui eliminada, com o voto contrário de minha mãe.

Restaram três concorrentes, Joselino, uma prima e uma amiga. Meu irmão fez boca de urna e conseguiu quase todos os votos. Foi o campeão da noite de piadas. Teve até torcida.

No outro dia perguntei para minha mãe:

— Por que a senhora não votou na minha piada?

— Porque era sem graça e foi muito rápida.

Eu ri e pensei: essa é a minha mãe! Ela era justa e não se deixava levar pelas emoções. Nunca tomou partido na relação conjugal dos filhos; sempre defendeu quem tinha o direito. Ela era um exemplo, sempre honesta e imparcial, um verdadeiro modelo de integridade para todos nós. Sua postura justa e seu amor incondicional nos ensinaram lições valiosas que carregaremos para sempre.

No dia primeiro do ano a festa continuou, muita gente, muita alegria. A mãe estava alegre e triste ao mesmo tempo. Alegre pela família reunida e pelo reencontro com muitas pessoas queridas, e triste porque seu corpo já demonstrava cansaço.

Preparamos a ceia, tinha muita comida, bebida e música. A mãe ganhou vários presentes. Foram dois dias de confraternizações, de reencontros de familiares e amigos, além de muita prosa.

Nas despedidas, ela dava sinais de que aquele seria o último ano. Para nós, ela ainda passaria muitos anos conosco, pois sempre foi forte e desejava imensamente viver. Alguns de seus conselhos aos filhos:

- "Não fale muito sobre a sua vida para os outros".
- "Tem muita coisa que a gente guarda em família".
- "Não há nada que o tempo não resolva".

Ao deitar, fazia as orações. Recordo-me de que, às vezes, ela, a tia e eu rezávamos o terço juntas. Quando ficava internada, era muito difícil pegar a veia, e ela ficava repetindo: "Maria passa na frente! Maria passa na frente!"

E Maria, realmente, passava na frente e a enfermeira conseguia pegar sua veia.

A comemoração do último aniversário de minha mãe foi o de 92 anos, em 14 de fevereiro de 2015, na chácara de minha irmã. Dessa vez vieram os dois filhos mais velhos, Zilza e Zenildo, noras, genros, sobrinhos e netos. Também estiveram presentes algumas amigas e outros parentes que vieram de outras cidades e, lógico, a Arlete, que não podia faltar. Ela já não estava muito bem de saúde e a presença de todos a deixou muito feliz.

O bolo era grande, com as velinhas registrando 92 anos, quase um século de vida. Muitos anos de muita luta, desafios, sofrimento, esperanças, fé, superações, alegrias e vitórias. Apesar das adversidades, ela foi feliz. Ela era o esteio e o elo da família.

Cantamos os parabéns e tiramos muitas fotos. A cuidadora ainda ensaiou dançar, mas ela não conseguiu. Ninguém podia imaginar que seria a comemoração do seu último aniversário.

Quando tinha 65 anos, ela dizia:

— Quero viver só até os 70 anos.

Quando fez 70 anos, ela queria viver até os 80 anos, e depois disso ela sempre dizia:

— Quero viver 100 anos e daí Deus pode me levar.

A família e os amigos admiravam a lucidez e a aparência física, não parecia ter 92 anos. Mesmo nessa idade não tinha rugas no rosto. A mãe sempre lutou por viver e era vaidosa.

Sou grata a ela por ter sido exemplo de amor, coragem e fé. Por ter me transformado na pessoa que sou.

Praticar o amor é simples

1. Você tem visitado sua mãe ou pelo menos mantido contato com ela?
....
....
....

2. Qual foi a última vez que falou com ela?
....
....
....

3. Tem ajudado a realizar os sonhos dela?
....
....
....

PRATICAR O AMOR AO PRÓXIMO SIGNIFICA TAMBÉM:

1. **Agir para o bem da pessoa sem esperar nada em troca**: realizar atos de bondade sem buscar reconhecimento ou recompensa, apenas pelo desejo de ajudar e fazer a diferença na vida do outro.

2. **Ter empatia**: compreender o que a outra pessoa está passando, colocando-se no lugar dela e sentindo suas emoções. A empatia cria um vínculo de compreensão e apoio que fortalece os relacionamentos.

3. **Elogiar**: destacar as qualidades e realizações da pessoa, contribuindo para a construção de sua autoconfiança e autoestima. Elogios sinceros e específicos ajudam a motivar e a inspirar.

4. **Saber ouvir:** oferecer uma escuta atenta e respeitosa, proporcionando um espaço seguro para que a pessoa se expresse. Muitas vezes, ser ouvido com amor e compreensão é tudo o que alguém precisa para se sentir valorizado e apoiado.

5. **Praticar a paciência e a tolerância**: entender que todos têm suas falhas e limitações, e demonstrar paciência e tolerância diante dos erros e dificuldades dos outros. Isso fortalece os laços de amizade e confiança.

6. **Mostrar gratidão e apreço**: expressar gratidão e reconhecimento pelas ações e presenças das pessoas em sua vida. Isso não só fortalece os relacionamentos, mas também cria um ambiente de positividade e reciprocidade.

CAPÍTULO 4

A partida para o céu

"Eu não estou longe, apenas estou do outro lado do Caminho... Você que aí ficou, siga em frente, a vida continua, linda e bela como sempre foi".
(Santo Agostinho)

NAS ASAS DA CORAGEM

O hospital

Programamos passar a Semana Santa do ano de 2015 (3 a 5 de abril) na chácara de minha irmã, em Sidrolândia, MS.

No final da tarde da quarta-feira, mãe, tia Juscelina e eu partimos para a chácara com a expectativa de encontrar outra irmã e seu esposo, que vieram de Cuiabá para nos visitar. Durante a viagem minha mãe não estava tão falante como das outras vezes, mas se esforçava para transparecer estar tudo bem.

A Semana Santa, que era para ser de descanso e de alegria com comidas típicas, se tornou um pesadelo para todos nós.

No dia em que chegamos, durante a noite, ela se sentiu mal. No dia seguinte, na Quinta-feira Santa, logo de manhã, ela nos chamou e disse que não estava bem e pediu para que a levássemos ao médico. Ela que não gostava e resistia para ser levada ao hospital. Ficamos muito preocupadas e imediatamente partimos para Campo Grande.

Foi atendida por uma médica de plantão, que solicitou exames e raio-x. O resultado acusou pneumonia, que exigiu internação imediata dela. Mesmo tomando os medicamentos, não melhorava.

Ela não queria ficar um minuto sozinha e confessou para Egmar, que a acompanhava, que não retornaria para casa, que estava chegando a vez dela. Por mais que minha irmã procurasse reanimá-la, ela continuava ansiosa, incomodada e com dores.

Egmar, a cuidadora Neia e eu revezávamos no hospital. Eu ficava à noite, pois trabalhava de dia. Havia uma poltrona ao lado da cama, onde eu ficava sentada e passava a noite, às vezes dava uma cochilada rápida.

Evitava dormir e ficava atenta para ajudá-la, caso necessitasse. Estava ali para cuidar dela e disso eu tinha consciência. A noite era longa. Se ela dormia, eu ficava mais tranquila, porém ela dormia pouco. Qualquer necessidade eu chamava os enfermeiros. Eu mesma trocava sua fralda quando precisava. Conversava com ela para animá-la, mas percebia que ela não estava bem.

No terceiro dia, no final da tarde, fui chamada às pressas pela Neia, que a acompanhava. Ela piorou muito, o ar começou a faltar e precisou respirar com ajuda de cateter nasal.

Fui imediatamente para o hospital. Nessa noite percebi que ela estava com grande dificuldade para respirar, fiquei desesperada e corri à procura de um enfermeiro, que estava demorando a vir atender minha mãe; fui direto ao CTI, que ficava no mesmo andar, e procurei um médico.

Imediatamente ele foi atendê-la. Em poucos minutos, estava sendo levada para o CTI. Mais uma vez o meu coração estava partido. As lágrimas me inundaram, mil interrogações surgiam na mente.

Como ela já tinha passado por esse tipo de atendimento outras vezes, mesmo com o coração cheio de dor, tinha esperança de que ia se recuperar.

Antes, considerava um local sem volta, mas já tinha consciência de que era um local realmente de tratamento intensivo e sabia que lá ela teria acompanhamento de médicos e enfermeiros a todo momento. A parte ruim é que no CTI não podia ter acompanhante. Nessa mesma noite a mãe foi intubada.

Comunicamos à família que morava em outras cidades. A partir do dia seguinte, cada vez chegava um filho ou filha, nora, genros e netos para visitá-la.

Ver a mãe intubada e não ter certeza de que ela nos ouvia me deixava mais desesperada. Comecei a frequentar a igreja de Nossa Senhora do Perpétuo Socorro para participar do Cerco de Jericó, realizado durante sete dias, às cinco e meia da manhã.

É uma semana intensa de oração pessoal e comunitária, oração do Santo Rosário diante do Santíssimo Sacramento, leitura da Palavra de Deus e adoração a Jesus Eucarístico, dando sete voltas ao redor da igreja em oração no último dia e encerrando com a missa.

Ia com uma amiga que era minha vizinha. Apesar de iniciar muito cedo, a igreja ficava lotada de fiéis. Eu procurava buscar forças na fé e orar por minha mãe.

Todas as vezes, no início do Cerco de Jericó, era cantada a música *Noites Traiçoeiras*, por um casal acompanhado de instrumentos musicais, o que deixava a música mais linda e as pessoas cantavam juntos.

Eu tentava, mas não conseguia. Sentia um nó na garganta e só sabia chorar muito. A letra da música é linda e mexia muito comigo, principalmente porque estava emocionalmente fragilizada. A situação da mãe não saía da minha cabeça.

A letra da música é muito marcante, por isso transcrevo aqui parte dela:

Noites Traiçoeiras (José Carlos Papae)

Deus está aqui neste momento
Sua presença é real em meu viver

Entregue sua vida e seus problemas
Fale com Deus, Ele vai ajudar você.

Ôôôô
Deus te trouxe aqui
Para aliviar o seu sofrimento

...

Quanto mais cantavam, mais eu chorava. Eu estava ali carregando minha cruz, entregando meus problemas e a recuperação da saúde da minha mãe nas mãos de Deus. Eu precisava aliviar o meu sofrimento e o dela, intubada, que não conseguia se comunicar conosco. A estrofe falava direto comigo:

"Seja qual for o seu problema
Fale com Deus, Ele vai ajudar você
Após a dor vem a alegria
Pois Deus é amor e não te deixará sofrer".

Eu falava muito com Deus, chorava muito, mas confiava em Deus. Procurava entregar meus problemas para Ele. Ele me preparou para aquilo que eu não queria aceitar, a passagem de minha mãe para outra vida; antes eu não admitia nem pensar na possibilidade.

No momento certo, Deus me deu a força e o conforto que precisava. Fortaleceu a minha fé. Entreguei a vida de minha mãe em suas mãos, confiando que somente Ele saberia o que seria melhor para ela.

As visitas

As visitas eram duas vezes ao dia, uma de manhã e outra à noite, por meia hora cada. Nos dividíamos e, todos os dias, iam duas pessoas da família por visita. No meu dia, orava no pé da cama e a contemplava, ali parada, com aquele aparelho na boca, sem se movimentar.

Os médicos não davam muitas esperanças, mas eu não queria acreditar. A mãe superou problemas de saúde por várias vezes e eu tinha fé que, dessa vez, também ia superar. Não tínhamos certeza de que ela nos ouvia, porém, um dia escorreram lágrimas dos seus olhos, e lógico, dos meus também, por contemplar aquela cena sem poder fazer nada. Sentia-me impotente.

Os dias iam passando e ela continuava intubada e chegou o momento que precisou fazer traqueostomia (um procedimento cirúrgico, realizado na região do pescoço, para facilitar a chegada de ar até os pulmões). Para a autorização, a família ficou dividida, porém, como não tinha outra saída, decidimos por fazer.

Foram vinte e quatro dias em que toda a família acompanhou seu sofrimento naquele hospital, sem nada poder fazer. Ela estava nas mãos de Deus e dos médicos. Todos os dias a família reunida rezava. A partir de um certo momento, além da intubação, tinha outro aparelho para respirar. Era muito doloroso vê-la com inchaço nos braços e nas pernas.

Meus irmãos não tinham esperança e, diante do sofrimento dela, mudei minhas orações e coloquei a vida dela nas mãos de Deus, mesmo com muita dor no coração.

Passei a dizer:

— Deus, coloco a vida da minha mãe em Suas mãos, que seja feita a Sua vontade.

A mãe tinha muito medo da morte e queria viver até os 100 anos. Levamos o padre para rezar por ela, perdoar seus pecados (não sei quais seriam) e abençoá-la. Teve também visita dos evangélicos que oraram por ela.

Em uma das noites, priorizei que os que vieram de longe fossem visitá-la. As irmãs que estiveram na visita da manhã perceberam que o quadro não era bom e disseram que à noite fossem minha tia e eu.

Passei a meia hora da visita ao lado da cama, rezando. No final da visita, fui falar com o médico de plantão, que ficava próximo. Ele não deu esperanças.

Enquanto conversava com o médico, ouvi um barulho e senti uma angústia no meu coração. Corri para o pé da cama de minha mãe e gritei pelo médico. Observei pelo aparelho que a pressão subiu ao máximo e caiu em seguida, até o final. Médico e enfermeiros imediatamente vieram com o aparelho para reanimá-la, mas nem usaram.

Nesse momento me tiraram do quarto. Saí angustiada, com o coração partido de dor. Em prantos fui embora com a tia para encontrar os irmãos, que aguardavam notícias. Dirigia sem perceber muito bem por onde passava.

Cheguei chorando e comuniquei o estado dela, acho que já estavam preparados. Como era costume, rezamos juntos. Assim que terminamos, ligaram do hospital solicitando a presença de uma pessoa da família. Minhas duas irmãs e meu cunhado foram ao hospital e foram informados do falecimento da nossa mãe.

Minha mãe partiu na minha presença, naquele momento em que corri para os pés da cama dela. Ela esperou a minha última visita para se despedir. Foi uma despedida muito triste, marcada pelo amor e pela dor da separação.

A sensação de ter estado lá com ela nos seus últimos momentos é ao mesmo tempo um conforto e um pesar profundo. Ela sempre será uma parte de mim, e a saudade que sinto é uma prova do amor imenso que compartilhamos. Mesmo em sua partida, ela mostrou o quanto nossa conexão era forte e significativa.

A despedida dela na minha presença é um testemunho do amor que ela sentia por mim e da importância da minha presença para ela até o último momento.

Foi um choque para todos, só me restava chorar e pedir a Deus pela sua alma. Minhas irmãs tomaram as providências para o funeral e avisaram o restante da família.

O seu corpo chegou à capela para ser velado por volta das seis horas da manhã do outro dia e, a partir daí, estivemos ao lado do caixão até o momento da última despedida; o enterro ocorreu por volta das dezesseis horas, quando já estava toda a família reunida.

Minha mãe partiu com uma fisionomia tranquila e alegre, como se estivesse em paz, com a sensação de missão cumprida. Toda a família estava reunida, e acredito que isso lhe trouxe conforto e alegria nos seus últimos momentos.

Sempre tive muito medo de perdê-la e só de pensar nisso já sofria. Ela foi um pilar de força e amor na minha vida, e a dor da sua ausência é profunda. No entanto, encontrar consolo em saber que ela se foi em paz, rodeada de amor, me dá forças para seguir em frente.

Sua presença foi um presente inestimável e suas lições de vida permanecerão conosco para sempre. O seu legado de amor, sabedoria, integridade e dedicação viverá em cada um de nós e lembraremos com carinho e gratidão.

> Nunca estamos preparados para a morte, principalmente de alguém que amamos muito.
> **O amor de Deus é maior.**

Tenho certeza de que a alma de minha mãe descansa em paz no Reino do Pai Celestial. Diante de seu funeral ainda expressei algumas palavras de despedida, com a voz trêmula, mas consegui. Toda a família e vários amigos estavam presentes.

O meu irmão Joselino falou pela família, relembrando como ela foi importante em nossa vida, quanta sabedoria! Quantos ensinamentos! O quanto ela nos amou e foi amada pela família.

A minha mãe sempre pedia que no seu funeral cantássemos a música *Mãezinha do Céu* (Pe. Marcelo Rossi). Na sua despedida cantamos. Transcrevo aqui parte dela:

Mãezinha do céu, eu não sei rezar
Eu só sei dizer eu quero te amar
Azul é seu manto, branco é seu véu
Mãezinha eu quero te ver lá no céu

Mãezinha do céu, mãe do puro amor
Jesus é seu filho
Eu também o sou

...

Estivemos juntos nos despedindo até o último momento, no cemitério, quando fechou a sepultura. Ali entendi que minha mãe cumpriu sua missão na Terra e Deus a levou para outro plano. Que seria o último momento com ela. Em casa percebi que nunca mais teria a presença física, foi assustador.

Perder a mãe é uma das experiências mais difíceis da vida. Frequentemente desencadeia um processo intenso de luto, caracterizado por sentimentos de tristeza profunda, desamparo e vazio. A mãe, muitas vezes, a principal figura de cuidado e apoio emocional, deixa uma lacuna significativa na vida dos filhos.

Permita-se passar por esses sentimentos e lembre-se de que o luto é um processo único para cada pessoa. Encontre apoio em amigos, familiares ou até mesmo em um profissional, se necessário. Mantenha as lembranças positivas vivas e cuide de si mesmo durante esse período desafiador.

O primeiro mês sem a presença dela foi o mais difícil, mas minhas irmãs não me deixaram sozinha. Era o momento de retornar para o apartamento no segundo andar. Só esperei a reforma e voltei para onde, inicialmente, a mãe morava comigo.

Com dois anos de sua partida fui convidada para trabalhar em Brasília, onde continuo até hoje. Deus abriu novas portas em minha vida, novas oportunidades.

Eu a amei muito e ela me amou muito. O meu amor por ela continua e a amarei sempre. Aprendi muito com ela e tenho certeza de que ela também aprendeu comigo. Apesar dos desafios que enfrentou, só deixou boas recordações e ensinamentos.

> A mãe era o centro da família, conseguia manter a união da família. **Era nossa referência.**

Não restou nenhum remorso, nenhuma mágoa, nenhum arrependimento, pois a família fez tudo que estava ao nosso alcance para proporcionar uma vida melhor e mais confortável para nossa mãe. Só restaram boas lembranças e a saudade, que será eterna.

A morte da mãe pode levar a uma reconexão com memórias e valores transmitidos por ela, como maior valorização do legado que ela deixou, valores, ensinamentos, histórias e memórias que os filhos passam a valorizar e transmitir para as próximas gerações.

A mensagem de Santo Agostinho sobre a morte é tão confortante que decidi encerrar este capítulo com ela.

A morte não é nada

A morte não é nada.
Eu somente passei
para o outro lado do Caminho.
Eu sou eu, vocês são vocês.
O que eu era para vocês,
eu continuarei sendo.

Me deem o nome
que vocês sempre me deram,
falem comigo
como vocês sempre fizeram.

Vocês continuam vivendo
no mundo das criaturas,
eu estou vivendo
no mundo do Criador.

Não utilizem um tom solene
ou triste, continuem a rir
daquilo que nos fazia rir juntos.

Rezem, sorriam, pensem em mim.
Rezem por mim.

Que meu nome seja pronunciado
como sempre foi,
sem ênfase de nenhum tipo.
Sem nenhum traço de sombra
ou tristeza.

A vida significa tudo
o que ela sempre significou,
o fio não foi cortado.
Porque eu estaria fora
de seus pensamentos,
agora que estou apenas fora
de suas vistas?

Eu não estou longe,
apenas estou
do outro lado do Caminho...
Você que aí ficou, siga em frente,
a vida continua, linda e bela
como sempre foi.

 Nossos pais tinham muito orgulho da trajetória dos filhos, pois conseguiram vencer, saíram do estado de miséria na infância e de pobreza na adolescência para a classe média na fase adulta.

 Todos estudaram e conquistaram uma profissão, constituíram suas famílias e puderam proporcionar mais conforto e cuidados, além do carinho e amor aos pais, principalmente quando idosos, retribuindo o que fizeram.

 A maioria está aposentada, porém continuamos buscando alternativas de melhorias de vida e transmitindo aos filhos os valores e princípios deixados por nossos pais.

A irmã mais velha, Zilza, morreu de Covid-19, em julho de 2020, com 74 anos. Essa doença, considerada pandêmica pela Organização Mundial de Saúde, foi decretada oficialmente em 11 de março de 2020. O primeiro lote de vacina da Pfizer chegou ao Brasil em 29 de abril de 2021. Em 22 de dezembro de 2022 já acumulava 36.092.845 casos confirmados da doença e 692.652 óbitos (*covid.saude.gov.br*).

Ela nem teve oportunidade de receber a vacina, porque a implantação de plano de vacinação em massa foi muito tardia no nosso país, depois da morte de milhares de pessoas.

Ela dedicou mais de trinta e oito anos como técnica de enfermagem, com muita responsabilidade e dedicação, ajudando a salvar vidas. Era a enfermeira da família, sempre pronta para ajudar em qualquer problema de saúde que enfrentássemos.

Além disso, deixou saudades eternas e lembranças profundas, pois foi uma segunda mãe para todos nós, contribuindo significativamente na nossa criação e educação.

Praticar o amor é simples

1. Sua mãe ainda é viva? O que tem feito por ela para ter boas recordações quando ela partir para o céu?
....
....
....

2. Existe alguma mágoa ou ressentimento que precisa ser resolvido? O que está esperando para pedir perdão e dar e receber amor?
....
....
....

Não perca a oportunidade de criar boas memórias, fortalecer o vínculo com sua mãe e desfazer ressentimentos não resolvidos, é um presente valioso. Aproveite cada momento para fortalecer seu relacionamento e garantir que, quando ela partir, você tenha muitas lembranças positivas para guardar. Ao fazer isso, você não apenas honra sua mãe, mas também enriquece sua própria vida com amor, gratidão e paz.

CAPÍTULO 5

Ame seus **pais**

"Honra teu pai e tua mãe, para que se prolonguem os teus dias na terra que o Senhor teu Deus te dá" (Êxodo 20:12).

NAS ASAS DA CORAGEM

"Ouça o seu pai, que o gerou; não despreze sua mãe quando ela envelhecer. Adquira a verdade e não abra mão dela, nem tampouco da sabedoria, da disciplina e do discernimento". Provérbios 23:22-23

A mãe carrega o filho por nove meses na barriga, muitas vezes, sem condições de ter uma gravidez com cuidados. Muitos partos ocorrem em casa, como ocorreu com o nascimento da maioria dos filhos de minha mãe. Muitas mulheres não fazem o pré-natal, a exemplo da mãe, pois moram em locais de difícil acesso à saúde pública.

> Por amor ao filho, a mãe o carrega no ventre, supera os obstáculos até o nascimento. **Depois inicia uma nova jornada de criá-lo e educá-lo.**

A mãe enfrenta qualquer desafio para defender e cuidar do filho. Se for preciso, ela se transforma numa leoa para proteger as crias. Quantas noites maldormidas, na alegria e na tristeza. Muitas deixam de comprar algo para si, para não deixar o filho passar fome. Os pais procuram dar o melhor que podem aos filhos.

Por mais que a vida não tenha sido um mar de rosas com sua mãe ou com seu pai, nunca os abandone ou despreze. Se eles lhe deram pouco amor, é porque eles também foram vítimas de pouco amor na infância. No entanto, fizeram e fazem o que podem com as circunstâncias que tiveram.

Qual pai ou mãe que não quer dar o melhor para o filho?

Ao invés de confrontar, questionar ou culpá-los, simplesmente procure pesquisar e entender como foi a vida deles na infância e na adolescência, o que sofreram e quais privações enfrentaram.

> Se hoje você ainda sente rancor e mágoa dos seus pais, saiba que ficar preso a algo do passado é **não querer sair do papel de vítima.**

Neste caso, sugiro que os perdoe, aceite-os como são, pois fizeram o que podiam com a consciência que eles tinham naquele momento. O perdão é um sentimento libertador que ajuda a atrair prosperidade em todas as áreas da vida.

Perdoar pai e mãe é libertar o coração das amarras do passado e abrir espaço para um presente de amor e reconciliação.

É um ato de compaixão consigo mesmo e com aqueles que, mesmo imperfeitos, deram o seu melhor dentro das suas limitações. Esse perdão não apenas alivia o peso emocional, mas também fortalece os laços familiares e permite cultivar relações mais harmoniosas e significativas.

"O sucesso dos negócios e na profissão vem com a benção da mãe." Bert Hellinger

Esta frase atribui o sucesso nos negócios e na profissão à bênção materna, destacando a influência positiva e o apoio emocional que uma mãe pode proporcionar ao longo da jornada profissional do filho. Ela sugere que a benção e o encorajamento maternos podem ser um fator significativo para alcançar sucesso e prosperidade na carreira.

Seja luz na vida de seus pais! Não economize amor, carinho e cuidados durante toda a vida e, principalmente, no momento em que mais precisam de atenção, que é na velhice.

Nessa fase, não têm mais vigor e a saúde já está debilitada; ficam mais vulneráveis e sensíveis. Além dos cuidados e de uma boa alimentação, necessitam de companhia, atenção, carinho e amor. É fundamental que se sintam úteis e amados para viverem essa fase com mais conforto e felicidade.

De acordo com o Artigo 229 da Constituição Federal, "os pais têm o dever de assistir, criar e educar os filhos menores, e os filhos maiores têm o dever de ajudar e amparar os pais na velhice, carência e enfermidade". Os filhos não podem deixar os pais em situação de abandono e de precariedade, eles têm obrigação de cuidar dos pais nessa fase da vida, de acordo com a lei, sob pena de responderem pelos seus atos.

Muitos filhos fazem isso por amor e gratidão aos pais e não por exigência da lei. Entretanto, existem outros que, ao invés de ajudar a cuidar dos pais idosos, os maltratam e humilham.

É verdade que há pais difíceis de lidar, mas releve e faça a sua parte de proporcionar melhores condições a eles, ao invés de desrespeitá-los e enfrentá-los. Eles continuam sendo seus pais.

A vida é passageira, ame e respeite seus pais em vida. Eles te deram a oportunidade de nascer. Não podemos perder a oportunidade de cuidar deles. Faça a eles tudo que você gostaria que fizessem com você.

Se hoje você é filho, filha, amanhã poderá ser pai, mãe, ou talvez já seja. Ame para ser amado. Amar é uma decisão, decida hoje. **NUNCA É TARDE PARA COMEÇAR.** Não deixe para se arrepender e pedir perdão quando perder aqueles que ama.

Três coisas que os filhos devem ter pela mãe e pelo pai:

1. **Amor** – Sentimento de carinho e demonstração de afeto para com sua mãe e seu pai. Sempre que puder, abrace e diga: "Mãe, eu te amo! Pai, eu te amo!" Esse gesto de amor é tudo que eles esperam de você.

2. **Gratidão** - Reconheça e agradeça por terem lhe dado a vida e por todo o esforço que dedicaram para criar e cuidar de você ao longo dos anos.

3. **Respeito** - Sua mãe e seu pai devem ser respeitados e honrados todos os dias. Valorize suas experiências, opiniões

e sacrifícios, mostrando consideração e tratando-os com dignidade.

Reflita sobre isso, você pode recuperar o tempo perdido. Aliás, não se sabe até quando você os terá ao seu lado.

É tão importante expressar amor e gratidão aos nossos pais enquanto eles estão vivos. Muitas vezes, podemos considerar que eles sabem o quanto os amamos, mas nunca é demais demonstrar de maneira ativa e regular.

Passar tempo de qualidade juntos, expressar palavras de carinho e apreciação e cuidar deles em suas necessidades são formas preciosas de mostrar o quanto valorizamos sua presença em nossa vida.

A vida é imprevisível, então aproveite todas as oportunidades para fortalecer os laços familiares e cultivar um relacionamento amoroso com seus pais enquanto vocês têm essa chance.

"Honra teu pai e tua mãe, para que se prolonguem os teus dias na terra que o Senhor teu Deus te dá" (Êxodo 20:12).

Esse mandamento de Deus vem como uma promessa de benção para quem cumpre. Para ter vida longa, com prosperidade, temos que honrar nossos pais, respeitá-los, admirá-los sempre, por palavras e ações, demonstrar o amor, carinho e respeito pela posição que eles ocupam na nossa vida, mesmo quando erram.

Todos erramos, ninguém é perfeito! Honrar pai e mãe é um dever de todo ser humano pelo fato de terem nos dado a vida.

Por querer sempre proteger os filhos, os pais dão ordens e às vezes punição, pensando no bem do filho, porém muitas das vezes são incompreendidos. Mesmo que você não concorde com os conselhos de seus pais, ouça-os com respeito. Eles têm experiência. Tudo que querem é protegê-lo, da maneira deles.

A mãe é um exemplo de dedicação, coragem, determinação e carinho. Ela merece todo o nosso amor e afeto. O amor materno reflete a essência do amor puro e verdadeiro que vem de Deus.

A vida de mãe é cheia de desafios, mas cada um deles é superado com amor e dedicação pelo seu filho.

Eu não aprendi a dizer "te amo" para minha mãe e para meu pai, porque eles também não expressavam, mas era evidente e recíproco o amor deles por mim e o meu por eles, por meio de ações e atitudes.

Se você nunca disse "te amo" a seus pais, ainda é tempo, procure exercitar essa expressão que fará muito bem a eles e a você. Além disso, demonstre também seu amor por eles com ações, atitudes e sentimentos. São muito importantes a comunicação verbal e a não verbal.

Tudo o que somos e o que temos é resultado de crenças enraizadas em nossa memória desde a infância, resultado daquilo que vivenciamos, ouvimos e sentimos ao longo da vida, através de fortes impactos ou por repetições.

Essas crenças não apenas influenciam nossas escolhas e comportamentos, mas também moldam nossas percepções sobre nós mesmos e o mundo ao nosso redor. É essencial reconhecer como as crenças foram formadas para podermos avaliar sua relevância e impacto em nossa vida atualmente.

Podemos e devemos ressignificar tudo que foi negativo em nossa vida e reprogramar as crenças limitantes para crenças positivas e fortalecedoras, através da mudança de nossa comunicação, nossos pensamentos e sentimentos.

Ao escolher pensar de maneira mais positiva e construtiva, podemos transformar nossa perspectiva e nossa experiência de vida. Essa prática não apenas nos ajuda a superar desafios passados, mas também nos capacita a enfrentar futuros obstáculos com maior resiliência e confiança.

Deixe de ser vítima e assuma o controle da sua vida. **Seja autorresponsável por tudo que faz e por seus resultados.**

"O amor é paciente, o amor é bondoso. Não inveja, não se vangloria, não se orgulha. Não maltrata, não procura seus interesses, não se ira facilmente, não guarda rancor. O amor não se alegra com a injustiça, mas se alegra com a verdade. Tudo sofre, tudo crê, tudo espera, tudo suporta. O amor nunca perece" (Coríntios 13:4-8).

O amor verdadeiro é o sentimento mais sublime de uma pessoa. Com amor superamos qualquer desafio, conquistamos nossa felicidade, nossa prosperidade.

É uma força que nos impulsiona a ser melhores, a cuidar e a dedicar-nos ao bem-estar dos outros, criando laços profundos e duradouros que enriquecem nossa jornada na vida.

Quem ama perdoa. Quem perdoa tem o perdão de Deus.

Jesus morreu na cruz para nos salvar, para que tivéssemos vida eterna e em abundância. Temos o livre-arbítrio, só depende de cada um de nós. O que plantamos, certamente colheremos. Se cultivarmos sementes de amor, perdão, compreensão, alegria, esses frutos serão multiplicados em nossa vida, iluminando nosso caminho e proporcionando paz e plenitude espiritual.

Que Deus abençoe nossa mãe e nosso pai, vivos ou mortos. Que Ele nos dê discernimento para amá-los sempre, para compreendermos suas jornadas e para sermos amados em retorno. Que possamos honrá-los e valorizar cada momento ao lado deles, lembrando sempre da importância de sua presença em nossa vida. Que o amor, o respeito e a gratidão sejam as bases do nosso relacionamento com eles, hoje e sempre.

Enquanto os filhos buscam retribuir o amor materno, as mães continuam a escrever uma história de dedicação e sacrifício. Porque o que fazem pelos filhos **é simplesmente inigualável.**

O amor materno é uma força inabalável.

Nenhuma montanha é alta demais, nenhum oceano é profundo demais para o sacrifício de uma mãe por seus filhos. Sua determinação é uma força que desafia os limites do impossível.

Mais do que qualquer diploma ou conquista acadêmica, são a sabedoria enraizada na experiência e a perseverança incansável que elevam uma mãe ao status de verdadeira heroína.

Seu amor transcende os horizontes do entendimento humano, sua dedicação é uma chama que jamais se apaga. Na batalha pela felicidade e realização de seus filhos, uma mãe é uma força imparável.

A minha mãe me ensinou os valores e princípios da vida. Ela teve pouco estudo, mas tinha sabedoria e muita fé. Ela foi fundamental para construção do meu caráter e da pessoa em quem me transformei. Sou muito grata pela minha mãe.

O amor que tenho pelos meus pais, que já partiram para outra vida, é eterno! Tenho muito orgulho de ser sua filha.

Obrigada, meu Deus, pelos pais que me deu, por tudo que eles fizeram por mim e por tudo que pude fazer por eles, em vida.

Aumento da população idosa no Brasil

Qual é a idade de seus pais? São saudáveis ou encontram-se enfermos?

Minha mãe viveu até os 92 anos e meu pai até os 90 anos. No final de sua vida, eles precisaram do apoio e cuidado dos filhos. Isso reflete um padrão que se observa cada vez mais no Brasil, onde a população está envelhecendo, como evidenciado pelos dados a seguir, todos retirados da Agência de Notícias do IBGE.

De acordo com dados do Instituto Brasileiro de Geografia e Estatística (IBGE), em 2022, o Brasil possuía um total de 22.169.101 de pessoas com 65 anos ou mais, atingindo o índice de 10,9% da população, com alta de 57,4% em relação a 2010, quando esse contingente era de 14.081.477de indivíduos, o que representava 7,4% da população. Por outro lado, o total de crianças com até 14 anos de idade decresceu de 45.932.294 (24,1%) em 2010 para 40.129.261 (19,8%) em 2022, uma queda de 12,6%.

Já a população idosa com 60 anos ou mais de idade chegou a 32.113.490 (15,6%), um aumento de 56% em relação a 2010, quando era de 20.590.597 (10,8%).

"O Estatuto do Idoso define como idoso a pessoa de 60 anos ou mais. O corte de 65 anos ou mais foi utilizado nesta análise para manter comparabilidade internacional e com outras pesquisas que utilizam essa faixa etária, como de mercado de trabalho", justifica Izabel Marri, gerente de Estudos e Análises da Dinâmica Demográfica do IBGE. O aumento da população de 65 anos ou mais, em conjunto com a diminuição da parcela da população de até 14 anos no mesmo período, que passou de 24,1% para 19,8%, evidenciam o franco envelhecimento da população brasileira.

"Ao longo do tempo a base da pirâmide etária foi se estreitando devido à redução da fecundidade e dos nascimentos que ocorrem no Brasil. Essa mudança no formato da pirâmide etária passa a ser visível a partir dos anos 1990 e a pirâmide etária do Brasil perde, claramente, seu formato piramidal a partir de 2000. O que se observa ao longo dos anos é redução da população jovem, com aumento da população em idade adulta e também do topo da pirâmide até 2022", analisa a gerente.

"Quando falamos de envelhecimento populacional, é exatamente a redução da proporção da população mais jovem em detrimento do aumento da população mais velha".

"A idade mediana é um indicador que divide uma população entre os 50% mais jovens e os 50% mais velhos. No Brasil, de 2010 para 2022, a idade mediana subiu de 29 anos para 35 anos, evidenciando o envelhecimento da população".

"Considerando a população de idosos de 60 anos ou mais, do total de 32.113.490 de pessoas residentes no Brasil, 17.887.737 (55,7%) eram mulheres e 14.225.753 (44,3%) eram homens. O índice de envelhecimento nesse parâmetro chegou a 80 em 2022, indicando que há 80 pessoas idosas para cada 100 crianças de 0 a 14 anos. Em 2010, o índice de envelhecimento correspondia a 44,8." O aumento da população idosa no Brasil é uma questão que merece atenção por diversos motivos.

Em primeiro lugar, está relacionado ao fenômeno do envelhecimento populacional, que é resultado de avanços na área da saúde, aumento da expectativa de vida e redução da taxa de natalidade. Isso significa que a proporção de pessoas idosas na sociedade está crescendo, o que tem impactos significativos em diversos aspectos da sociedade. Uma das principais preocupações está relacionada ao sistema de seguridade social e previdência, já que um maior número de idosos demanda mais recursos em termos de aposentadoria, cuidados de saúde e assistência social. Isso pode gerar pressão sobre os sistemas públicos e privados de saúde e previdência social, bem como sobre as famílias que muitas vezes precisam assumir os custos do cuidado com os idosos.

Além disso, o aumento da população idosa também tem implicações na dinâmica familiar e nas relações entre pais e filhos. Com o envelhecimento dos pais, muitas vezes os filhos se tornam responsáveis por seu cuidado e bem-estar. Isso pode envolver desde apoio emocional e social até cuidados práticos, como auxílio nas atividades da vida diária e acompanhamento médico.

Essa mudança na dinâmica familiar pode gerar desafios e demandas adicionais para os filhos, que muitas vezes precisam conciliar suas responsabilidades familiares com sua própria vida pessoal e profissional. Além disso, pode surgir a necessidade de lidar com questões como planejamento financeiro, adaptação de espaços físicos para as necessidades dos idosos e a busca por serviços de apoio e cuidados especializados.

Portanto, a preocupação com o aumento da população idosa no Brasil está diretamente ligada à necessidade de desenvolver políticas e estratégias que garantam uma melhor qualidade de vida para os idosos e que ofereçam suporte adequado às famílias que assumem o papel de cuidadores. Isso envolve não apenas ações governamentais, mas também a promoção de uma cultura de cuidado e respeito pelos idosos dentro da sociedade.

Praticar o amor é simples

1. Como é o seu relacionamento com sua mãe? Você tem dado atenção, carinho e amor a ela? Você é grato por ela?

   ....

   ....

   ....

2. Como é o seu relacionamento com seu pai? Você tem dado atenção, carinho e amor a ele? Você é grato por ele?

   ....

   ....

   ....

3. Como você gostaria de ser tratado por seus filhos?

   ....

   ....

   ....

Meu relacionamento com minha mãe foi muito abençoado. Ela era minha proteção, minha conselheira e minha maior apoiadora. Sempre dei toda a atenção, carinho e amor a ela. Reconheço o quanto ela se sacrificou por mim e pela nossa família ao longo dos anos e valorizo profundamente sua lembrança em minha vida.

Sou infinitamente grata por tudo o que ela fez por mim e pela pessoa amorosa e compassiva que foi. Ela moldou quem eu sou hoje e sou eternamente grata por seu amor incondicional e apoio inabalável. Ela foi uma luz em minha vida, e fiz tudo ao meu alcance para retribuir o amor e cuidado que ela sempre me proporcionou.

Caso você tenha algum desentendimento com sua mãe ou com seu pai, é importante tratar a situação com sensibilidade, respeito e maturidade. Escute atentamente o ponto de vista deles e compartilhe os seus sentimentos de forma clara e honesta.

Priorize o diálogo aberto e construtivo, buscando entender as razões por trás do desentendimento e trabalhando juntos para encontrar uma solução que seja satisfatória para ambas as partes. Lembre-se de que o amor e o respeito mútuos são fundamentais para fortalecer os laços familiares.

As consequências de não perdoar a mãe podem ser diversas e profundas, com base em conhecimentos psicológicos e sociológicos:

1. **Ressentimento e amargura:** o não perdão pode levar ao acúmulo de ressentimento e amargura em relação à mãe, o que pode afetar negativamente a saúde mental e emocional da pessoa.

2. **Relacionamentos afetados:** o não perdão pode influenciar os relacionamentos atuais e futuros, tornando-os mais difíceis de manter devido à dificuldade em confiar e se abrir emocionalmente.

3. **Estagnação emocional:** não perdoar pode manter a pessoa presa emocionalmente ao passado, impedindo seu crescimento pessoal e desenvolvimento emocional.

4. **Impacto na saúde:** a mágoa e o ressentimento crônicos podem levar a problemas de saúde física e mental, como estresse, ansiedade, depressão e até mesmo doenças crônicas.

5. **Padrões repetitivos:** não perdoar a mãe pode perpetuar padrões disfuncionais de relacionamento e comportamento, afetando negativamente a própria vida e a vida dos outros ao seu redor.

CAPÍTULO 6

Depoimento dos filhos

Nossa mãe era uma pessoa humilde com muita sabedoria e nos ensinou princípios e valores que nos nortearam.

NAS ASAS DA CORAGEM

Zenildo

O meu relacionamento com minha mãe foi ótimo e não poderia ser diferente, porque se sacrificou para cuidar de mim. Eu tinha apenas 5 meses e minha irmã mais velha, 4 anos e meio, quando ela separou do meu pai por viver uma vida de sofrimentos e traições dele. Quando eu tinha um ano, ela conheceu um fazendeiro que gostava muito dela e pretendia se casar, desde que ela me desse e ficasse só com a filha maior. Ela não pensou duas vezes e disse não. Não aceitou a proposta, eu representava muito mais, seu amor por mim era grande e ela não me trocava por homem nenhum.

A Ana já contou anteriormente os trechos da vida que me marcaram muito e quanto a mãe me protegeu. Sou muito grato pelo amor e dedicação dela comigo e sempre a amei.

Sem marido, sem trabalho e com dois filhos, foi trabalhar na roça para cuidar e criar os filhos com amor e dedicação de mãe. Tudo que ela fez e renunciou por mim eu nunca poderia deixar de retribuir a ela. Na minha infância, adolescência e uma parte da vida adulta, eu trabalhava e, tudo que ganhava, entregava para que ela pudesse cuidar de mim e dos meus irmãos. Eu nunca reclamei do dinheiro que dava para ela, e tudo que pude fazer, até o fim da vida dela, eu fiz. Ela foi tudo para mim, a tenho como exemplo de vida.

As surras e castigos que recebi dela serviram para me tornar um homem, marido e pai responsável, trabalhador e dedicado à família, e ser grato por tudo que tenho, por tudo que conquistei.

Meu maior aprendizado com ela foi sempre ter fé em Deus, ter um objetivo na vida e lutar por ele até alcançar e nunca desistir, porque ela nunca desistiu dos filhos. Ela acordava às quatro horas da manhã para fazer comida para os peões que trabalhavam com meu padrasto. Ela era muito otimista. Foi um exemplo de vida e honestidade. Ela dizia: "cuida da sua vida e deixa a vida dos outros". Não aceitava os filhos ficarem contando história da vida dos outros, que ouviam. Não aceitava trazer nada para casa que não fosse comprado ou ganhado, se não, fazia voltar e deixar onde achou. São valores que passei para meus filhos e hoje tenho orgulho de tudo que aprendi, vivi e compartilhei com minha família.

NAS ASAS DA CORAGEM

Magnólia

Minha mãe querida nos deixou um legado muito importante, pois tudo que fazia era voltado para a família, para os filhos. Os valores que ela passava eram de muita importância. Quando eu tinha dor de dente ou algum problema de saúde, ela dava azeite de mamona, boldo, sal amargo, pois não tinha médico, nem dentista. Ela era nossa médica. Fazia todo o possível pela nossa saúde.

Nossa situação era muito precária, mas ela não nos deixava sofrer. Quando era necessário, o "chinelo comia", era a forma de nos educar e nos tornar pessoas de bem. Ela deixou muitos exemplos de valores, como sempre proteger a família e cuidar dos filhos, ser você mesmo, por mais difícil que seja a vida.

Ela foi um exemplo de mãe, saía cedo de casa para lavar roupa na mina, enquanto os dois mais velhos, que já trabalhavam, ajudavam na alimentação, roupas e educação dos irmãos mais novos. Sempre teve o mesmo amor e cuidado com todos. Tinha muita força e coragem para enfrentar os desafios da vida e aprendi com ela. Lutar sempre, desistir nunca! Ensinava os filhos a respeitar os mais velhos, não permitia que eles entrassem no meio da conversa dos mais velhos.

Atualmente, a criação dos filhos é bem diferente daquela época. Tem muita influência da mídia que tem trazido desentendimentos às famílias.. Temos que procurar por orações e diálogos para manter a união da família, pois não é fácil. O amor de mãe e de pai é essencial para ajudar a superar as doenças, as desavenças, os problemas familiares.

Hoje as pessoas têm que estudar para vencer na vida, ter aquele valor de ser humano, respeito e conquista de si mesmo para vencer. Passei os exemplos de minha mãe para minhas filhas e o meu amor por elas é muito grande. Tenho grande gratidão pela minha mãe por ser forte, ter nos ensinado o caminho certo, pela sua proteção e por tudo que nos ensinou a ser o que somos hoje.

Agradeço muito a Deus pelos ensinamentos que tive com minha mãe. Quando íamos ao carnaval e chegávamos tarde, fazia todos nos levantar cedo e trabalhar, hoje somos mais compreensíveis com os filhos. Ela foi mãe, companheira e amiga. Sempre tinha um conselho para dar. Muito gostoso o cafezinho da manhã com bolinho de mandioca. Ela servia as refeições no prato para os filhos porque era pouco e ela dividia de forma que todos fossem servidos e ficassem satisfeitos. Gratidão, minha mãe, pelo seu amor, pelo seu carinho, pelos seus cuidados.

NAS ASAS DA CORAGEM

Joselino

O meu relacionamento com a mãe foi ótimo, jamais faltei com o respeito, todos os valores recebidos foram colocados em prática. Vivi e convivi sob os cuidados dela durante a infância, adolescência e grande parte da minha juventude. Desde os meus 5 anos convivendo com um sistema político terrível (ditadura militar), a vida não era fácil, na maior parte vivemos abaixo da linha da pobreza, éramos oito irmãos, e desde muito jovens já trabalhávamos para pôr comida na mesa, tudo era muito desafiador, mas éramos obedientes às orientações maternas.

Acostumei-me tanto em ser servido por ela, que quando casei esperava essa atitude da minha esposa, ela não entendia o porquê. Hoje não gosto de pedir emprestado de ninguém, porque a maior parte da minha vida foi assim, emprestar do vizinho sem saber como pagar, não compro fiado nos mercados.

Vem à minha lembrança levar um bilhete no bolicho ou armazém com a relação da compra, e como era fiado o dono do comércio despachava as piores mercadorias possíveis, mas cobrava como se fossem de melhor qualidade.

A mãe jamais se descuidou da área educativa para com os filhos, um dos valores cobrados por ela com muita rigidez, não poderíamos faltar aula por nada, nem por uma dorzinha de cabeça, um machucadinho qualquer ou por intempérie do tempo, frio, calor, chuvas, tínhamos que ir para a escola. As tarefas eram cobradas diariamente, a tabuada nem se fala, quando ela tomava, aquele que não estudava levava muitas palmatórias, os cadernos não podiam ter orelhas, riscos, folhas rasgadas ou sujas.

Eu sempre fui o xodó dela até após adulto, casado, mas também fui o que mais apanhou por gostar de jogar bola e, muitas vezes, por esquecer das minhas obrigações.

Eu colhia maxixe no pasto, que ficava distante da minha morada, para vender na rua, de casa em casa, carregava dezoito litros de leite em uma distância de quase seis quilômetros, vendendo também de porta em porta para ganhar um mísero valor de um litro pelo trabalho. Eu nem colocava a mão no dinheiro, quem pegava e administrava esses míseros centavos era a mãe, tudo para ajudar no sustento da casa.

Apesar das dificuldades no seu cotidiano, era uma guerreira e sonhadora, apontava os caminhos decentes da vida. Aprendi a valorizar o pouco que tenho, respeitar as pessoas, nunca desejar algo de alguém, ou sentir inveja, ter um nome a zelar, honrar os compromissos, não ser trapaceiro com o próximo, sempre pautar pela verdade.

Ela também me ensinou a sonhar para que os sonhos se tornassem realidade, a ser digno e forte, a valorizar e a cuidar de quem amo, amar as crianças, amar a vida! Foram tantos aprendizados ao longo dos tempos, que me sinto preparado para tomar decisões corretas e procurar sempre o caminho certo.

Certa vez, em uma manhã de quinta-feira, saindo muito cedo para a escola, dia de educação física, a aula começava às cinco e meia, e morávamos longe, tinha que sair de casa quase uma hora antecipado e, no caminho, guiado pela luz da lua, não tínhamos lanterna, bastante apressado, corria para não me atrasar, vi algo estranho no meio da estrada. Não parei para ver o que era, após ter caminhado mais de trezentos metros achei melhor voltar, porque a impressão era que se tratava de um maço de dinheiro, e para a minha surpresa, era.

Fiquei pasmo! Porque nunca tinha visto tanto dinheiro assim e já comecei a me preocupar com o que a minha mãe ia achar, se ia acreditar ou não.

O valor correspondia a quinhentos reais. Guardei o dinheiro, mesmo vendo os colegas comprar pastel, picolé, não pretendia comprar nada escondido da minha mãe. Ao chegar em casa a primeira providência foi contar e mostrar a ela, que me ameaçou com uma grande surra, se fosse mentira e se esse dinheiro tivesse sido roubado de alguém.

Ela guardou o dinheiro e disse que ia esperar por cerca de noventa dias para ver se aparecia o dono. Para minha surpresa quem perdeu o dinheiro foi justamente um amigo meu, que viajou nesse dia para realizar um passeio, porque recentemente tinha "bamburrado" e pegou uma pedra preciosa de 10 quilates, que vendeu por muito dinheiro. Quando voltou, a notícia se espalhou e minha mãe o procurou e devolveu a ele todo o achado, em recompensa ele deu a ela o valor de comprar cinco pastéis.

Foi um grande aprendizado, não usufruir daquilo que não é meu, por isso e por tantos outros ensinamentos, hoje sou detentor de um bom caráter, um grande exemplo para meus filhos, família e sociedade.

Você pode ter adquirido muitas coisas na vida, mas nada é mais valioso que possuir um grande caráter! E, tudo isso, devo a ela!

É muito importante e gratificante ouvir os filhos falarem com empolgação, com orgulho "meu pai", isso é resultado de valores que sempre foram sendo repassados, principalmente, no período da infância, em que recebem amor, carinho, afeto, apoio. Muitas das vezes o filho quer ser no futuro o que o pai representa no seio familiar e na vida social.

Entender e respeitar o espaço do outro é algo que deve ser aprendido desde cedo. É importante que a criança compreenda os limites que existem entre o seu corpo e o seu espaço e o corpo e o espaço do outro. Seja uma brincadeira, ou, mais tarde, em um relacionamento, a criança precisa saber ouvir e respeitar o "não". Portanto, devemos estar sempre atentos e sempre conversando com eles sobre responsabilidade na relação, cuidado com o outro e o respeito acima de tudo.

Certa vez o meu filho, com apenas 8 anos, estava na escola e a professora perguntou o que ele gostaria de ser quando crescesse, ele respondeu: "professora, eu quero ser tudo o que o meu pai é, professor, pescador, vereador, jogador e caçador!" Mesmo que os caminhos sejam outros, a felicidade em querer ser o que os pais representam é uma grandeza. Mesmo crianças, percebem a importância social que os pais representam, o que é motivo de orgulho para eles.

A melhor mensagem que passo a eles é conduzir a família com respeito, pautando pelos bons exemplos tanto em casa como fora, na questão religiosa, sempre os levando para participar das missas, dos eventos ligados à igreja, jamais me envolvendo em confusões, bebedeiras, jogos de azar e, principalmente, não me juntar a pessoas que gostam de barulho.

Também acompanhar todos os passos da formação educativa, participando de reuniões nas escolas, orientando e cobrando nos deveres escolares, sempre buscando informações com o professor, incentivando a participação em eventos esportivos e culturais da escola. Eles se sentem valorizados e sabem que podem contar com o apoio do pai, da mãe e da família, que são seus parceiros e não estão sozinhos nessa caminhada.

Ser responsável por um filho é se questionar o tempo todo, desconstruindo, muitas das vezes, conceitos e modelos de criação, que nós mesmos tivemos quando criança. É importante entender que o tempo passa e que, com ele, surge sempre a necessidade de repensar novos valores dentro do contexto tecnológico e social que estamos inseridos, bem diferente e distante da época que éramos crianças.

Com a tecnologia, cada vez mais presente, temos realmente que buscar novos caminhos desafiadores para criar, educar e passar valores a eles sem fugir da base e dos princípios que obtivemos com nossos pais.

A minha mãe me ensinou e, hoje como pai, repasso a eles que errar, não saber ou fracassar são coisas normais na vida, que sempre poderão acontecer, são oportunidades de aprendizados e nem sempre vão ser melhores em tudo.

É fundamental não pressionar, não cobrar que atinjam sempre o ideal que, muitas vezes, nem corresponde à realidade. Então, devemos evitar educá-los para serem competitivos o tempo todo, mostrar a importância de dar o seu melhor, mas sempre ensinando que é possível ajudar, ser humilde para aceitar ajuda e aprender também a ensinar.

Enfim, sempre estive conversando, ouvindo, discutindo e refletindo o tempo todo junto deles. Até porque entendo que juntos, dialogando, compartilhando de ideias e opiniões, sempre com respeito e empatia, construiremos um caminho sólido enraizado em nossos ancestrais.

NAS ASAS DA CORAGEM

Egmar

Meu relacionamento com minha mãe foi ótimo. Sempre tive um grande respeito e admiração por ela. O seu amor pelos filhos estava acima de qualquer coisa, era uma leoa na defesa dos filhos. Aliás, apesar do seu sofrimento por perder minha irmã gêmea no parto, conseguiu se superar e me criar com muito amor e carinho.

Eu sempre me desabafava com ela e sempre ela tinha bons conselhos para me dar. Foi uma mãe exemplar e eu sempre procurei retribuir por tudo que fez por mim.

Tínhamos uma grande conexão, às vezes, pressentia quando ela ficava doente. Sempre acompanhei e ajudei a cuidar nos seus momentos mais difíceis, principalmente, nas internações hospitalares; já comprei muitas brigas por ela, exigindo um bom atendimento. Nesses momentos deixava minha família e ia ajudar a cuidar dela, pois o que ela fez pela família não tem preço.

A minha mãe gostava muito de vir passear na nossa chácara que fica próxima da cidade. É um lugar lindo, aconchegante e de contato com a natureza. Era o ponto de encontro dela com os filhos. Comemoramos muitos aniversários, inclusive seu último aniversário, de 92 anos, bem como o último Ano-Novo com a reunião de filhos, netos, irmãos e amigos.

Eu brincava muito e tirava muitos risos dela. Quando queria comer alguma coisa que não era recomendável, ela pedia para mim, pois sabia que eu sempre acabava cedendo. Não podia privá-la das coisas de que gostava. Já tinha passado por muita privação e escassez na vida.

Ensinou muitos valores e princípios, como ser honesta, ter bom caráter e sempre respeitar as pessoas. Tenho procurado passar esses princípios e valores a meus filhos. Ela foi um exemplo de amor, coragem e fé.

Os pais precisam dar uma boa educação para os filhos e bons estudos, pois é o bem que ninguém tira deles. A mãe sempre protege os filhos, independentemente das circunstâncias. Eu amo muito os dois filhos que Deus me deu. Eles são meus tesouros.

A saudade de minha mãe será eterna.

NAS ASAS DA CORAGEM

Josino

A história com minha mãe deve ser lembrada sob dois olhares distintos, completamente díspares, no tocante a duas características muito peculiares que possuo, que ela sempre colocou em evidência.

De um lado, ela sempre pontuou uma característica, comportamental e de condição que, não raras vezes, a deixava revoltada, frustrada e até agressiva: eu era respondão, teimoso, brigão, preguiçoso e instigante.

Pois bem, em relação à preguiça, minha mãe me achava preguiçoso para a realização de certos trabalhos braçais, tendo, às vezes, razões por não conseguir analisar todo o contexto em que me deparava, como a necessidade de realizar trabalhos pesados, a começar pelo serviço no garimpo.

Além de ser um trabalho extenuante, perigoso e massacrante, era realizado sob a condição de muita insegurança e incerteza.

Quase sempre saía para faiscar, procurando ouro, e na maioria das vezes nada pegava, nada rendia e, por diversas vezes, quando acertava em algo melhor, era roubado pela usura e ganância de meus "sócios".

A preguiça me perseguia, me cobiçava e fazia de mim um instrumento da falta de coragem, da desídia, da falta de fé e do desânimo.

Outra situação que me aterrorizava era o trabalho na roça. O trabalho era duro, sob sol causticante. Geralmente, a tarefa mais presente a ser cumprida era a capinação das ervas daninhas em meio ao arrozal, lidando com animais peçonhentos, cobras, escorpiões e marimbondos.

Apesar de tudo, a maior das preguiças já registradas ao longo de minha existência se resumia no fato de ter que rachar lenha para ser utilizada no fogão.

Por norma, sentia o chicote de fedegoso no lombo ou até mesmo o cinto do meu pai, por esquecer ou fazer-me de esquecido, ainda mais quando aparecia uma oportunidade de ir jogar bola no campinho.

Outra coisa é fato de eu ser respondão, haja vista que sou daqueles sujeitos que, quando mantém uma posição, a defende com toda a energia possível.

Nem sempre essa defesa soava como algo interessante e sempre era interpretada por minha mãe como teimosia, principalmente quando se tratava de relações interpessoais, fraternais e até na escola, enfim.

Apanhava todos os dias. Parece que gostava disso. Pulava igual bode no laço, mas sempre achava que a minha mãe estava agindo certo.

Não fosse a rígida educação dispensada a mim e aos meus irmãos, pelo meu pai e minha mãe, talvez todos nós não estaríamos gozando de um presente tão confortável, não teríamos colecionado tanto sucesso, paz e tranquilidade.

Apesar desse lado sombrio, havia um lado positivo em mim, do qual a minha mãe se sentia orgulhosa e se vangloriava. A minha esperteza, sagacidade, inteligência, jeito moleque, brincalhão, palhaço e, principalmente, família.

Não raras vezes me deparei com a mãe e o pai conversando sobre mim e percebia um sentimento de felicidade ao notarem meu esforço diante dos estudos.

Para outras pessoas, eu era tido como "Doutor", estudioso, comunicativo e virador. De todas essas características tidas como boas, a que mais me dava prazer se resumia ao fato de que gostava muito de brincar com meus pais. Aquela brincadeira que os deixava relaxados, satisfeitos, sorridentes.

Eu sempre fui carinhoso com a mãe. Eu fazia com que ela se sentisse uma criança. Beijava-a e dava carinhos, que a faziam gargalhar de tamanha felicidade.

Quando a visitava, em seus últimos anos de vida, sentia uma enorme felicidade, talvez o melhor presente que consegui dar à minha mãe foi tratá-la como uma pessoa que conseguiu perceber o amor em mim, com gestos simples e carinhosos, e a sentia feliz como quem nunca quisesse se despedir dessa vida.

Outra forma de transmitir amor e de deixar a minha mãe satisfeita e confortada era como eu ajudava a manter a casa bem servida de mantimentos. Todos os irmãos, fazíamos questão de prevalecer. Obviamente, isso só se tornou possível na segunda fase de nossa vida, quando estávamos em condições financeiras mais estáveis.

Para finalizar, faço uma confissão com muita tranquilidade, a de que vivo na mais absoluta paz em relação ao que pude fazer para que a mãe e o pai sempre pudessem ter o melhor conforto, orgulho, alegria e satisfação de serem meus pais.

Afinal, eu os tenho sempre vivíssimos em meu coração.

Não fosse a saudade, diria que, como eu convivo com a sua presença na alma, no coração, na vida, isso me satisfaz, porque eu os amo intensamente e isso é infinito e interminável.

NAS ASAS DA CORAGEM

Guiomar

Sou a caçula de oito filhos, quatro falecidos; a mãe amamentou, criou, educou, e, mais que tudo isso, serviu de referência para todos, por ser forte, íntegra, corajosa, equilibrada, com um senso de justiça e sabedoria indescritível.

Quando nasci, ela estava com 43 anos. Ela dizia que saía pouco comigo, quando ainda bebê, porque, volta e meia, aparecia um para perguntar se era sua neta, deixando-a furiosa e com vergonha. Não se tinha conhecimento de contraceptivos, muito menos, o acesso a eles. Também, nessa idade, a mulher já era considerada "velha".

No início, quando ainda criança, tínhamos muitas restrições materiais. Os últimos sofreram menos, porque os irmãos mais velhos já ajudavam na subsistência da família.

A consciência da mãe e do pai, e, depois, dos irmãos mais velhos, da importância da educação formal, do estudo, foi fundamental para que todos os irmãos pudessem estudar e cada um seguir na luta por uma vida cada vez melhor.

As boas e muitas lembranças da minha mãe são de uma pessoa com largo sorriso, generosa com todos, sempre hospitaleira e pronta para estender amão.

Nas nossas incontáveis conversas sempre pedia "aja, fale pouco e reze", ou "dê tempo ao tempo", "não há nada que tempo não resolva" e, assim, com bases simples, mas dotadas de sabedoria própria de uma pessoa que viveu muitas experiências, foi possível absorver que para vencermos é necessário respeitar o "outro".

Andar de cabeça erguida e não permitir que as adversidades impostas de forma convencionada, em razão de ser mulher, preta, pobre, sejam sinônimos de subserviência, de derrota ou impossibilidades.

Cito uma passagem icônica com a mãe, que representa tudo isso, a simplicidade e sabedoria em saber lidar com as questões que a vida nos traz. Quando nasceu meu último filho, de três, eu tive pouco leite e, passados dois meses, já desesperada em razão do senso e responsabilidade maternal, me sentindo péssima e bastante desgastada física e psicologicamente, por não estar produzindo leite suficiente para o bebê, liguei para ela (nessa época já morava em Campo Grande, MS). Então, ela me disse:

— Filha, vá ao mercado, compre um leite e dê para esse menino. Você não será a primeira e nem a última que vai precisar fazer isso!

Essas palavras foram como um bálsamo, me senti aliviada e desde então, redimida por não estar produzindo o leite. A responsabilidade maternal foi um legado deixado por ela. Fui amamentada até 1 ano e 2 meses. Certa vez, quando pegou malária, com febre e fragilizada, não deixou de me amamentar.

Tendo a minha mãe como referência, busco realizar sonhos e projetos de vida e, honrosamente, passar aos meus filhos, ainda que minimamente, o que aprendi e absorvi com essa grande e simples mulher, minha mãe.

REFERÊNCIAS

AGÊNCIA DE NOTÍCIAS IBGE. **Censo 2022**: número de pessoas com 65 anos ou mais de idade cresceu 57,4% em 12 anos. Disponível em: https://agenciadenoticias.ibge.gov.br/agencia-noticias/2012-agencia-de-noticias/noticias/38186-censo-2022-numero-de-pessoas-com-65-anos-ou-mais-de-idade-cresceu-57-4-em-12-anos. Acesso em: 20 abr. 2024.

AGÊNCIA DE NOTÍCIAS IBGE. **Pobreza cai para 31,6% da população em 2022 após alcançar 36,7% em 2021.** Disponível em: https://agenciadenoticias.ibge.gov.br/agencia-noticias/2012-agencia-de-noticias/noticias/38545-pobreza-cai-para-31-6-da-populacao-em2022--apos-alcancar36-7--em2021-#:~:text-Em%20termos%20de%20contingente%2C%20. Acesso em: 9 jun. 2024.

ASSOCIAÇÃO ESPÍRITA FRANCISCO CÂNDIDO XAVIER. **Comunicação com os espíritos.** Disponível em: https://www.aefc.org.br/comunicacao-com-os-espiritos/. Acesso em: 25 maio 2024.

BÍBLIA. Nova Versão Internacional. **1 Coríntios 13:1-13.** Disponível em: https://www.bible.com/bible/129/1CO.13.NVI. Acesso em: 25 set. 2022.

BÍBLIA. Nova Versão Internacional. **Êxodo 20:12.** Disponível em: https://www.bible.com/bible/129/EXO.20.NVI. Acesso em: 25 set. 2022.

BÍBLIA. Nova Versão Internacional. **Provérbios 23:22-23.** Disponível em: https://www.bible.com/bible/129/PRO.23.NVI. Acesso em: 25 set. 2022.

BÍBLIA. Nova Versão Internacional. **Salmos 73:24.** Disponível em: https://www.bible.com/bible/129/PSA.73.NVI. Acesso em: 25 set. 2022.

BÍBLIA ONLINE. **Honrar pai e mãe: vida longa.** Disponível em: https://www.bibliaon.com/honrar_pai_e_mae_vida_longa/. Acesso em: 13 fev. 2022.

BÍBLIA ONLINE. **Os 10 melhores versículos para dedicar à sua mãe.** Disponível em: https://www.bibliaon.com/versiculos_para_dedicar_a_sua_mae/. Acesso em: 13 fev. 2022.

BOCCHINI, Bruno. **Milagre para uns, crescimento da economia foi retrocesso para maioria.** Agência Brasil, 31 mar. 2014. Disponível em: https://agenciabrasil.ebc.com.br/politica/noticia/2014-03/milagre-para-uns-crescimento-da-economia-foi-retrocesso-para-maioria. Acesso em: 11 dez. 2022.

BRASIL. **Constituição da República Federativa do Brasil de 1988.** Disponível em: https://www.planalto.gov.br/ccivil_03/constituicao/constituicao.htm. Acesso em: 5 jul. 2024.

BRASIL. Ministério da Saúde. **COVID-19: Painel Coronavírus.** Disponível em: https://covid.saude.gov.br/. Acesso em: 22 dez. 2022.

DOCKHORN, Vanessa. **O que são gatilhos emocionais?** Saiba como lidar com eles. Psicologia Dockhorn, 7 jun. 2020. Disponível em: https://psicologiadockhorn.com/blog/o-que-sao-gatilhos-emocionais/. Acesso em: 12 fev. 2022.

DROGARIA SANTO REMÉDIO. **Benefícios da leitura.** Disponível em: http://drogariasantoremedio.com.br/beneficios-da-leitura/. Acesso em: 12 fev. 2022.

ESTÚDIO NSC. **Água do mar faz bem?** conheça os benefícios para a saúde. NSC Total. Disponível em: https://www.nsctotal.com.br/noticias/agua-do-mar-faz-bem-conheca-os-beneficios--para-a-saude. Acesso em: 5 jul. 2024.

REVISTA PESQUISA FAPESP. **Ler preserva a memória.** Disponível em: https://revistapesquisa.fapesp.br/ler-preserva-a-memoria/. Acesso em: 12 fev. 2022.

SANTO AGOSTINHO. **Reflexão: A morte não é nada.** Mundo das mensagens. Disponível em: https://www.mundodasmensagens.com/mensagem/reflexao-a-morte-nao-e-nada.html. Acesso em: 25 set. 2022.

SANTOS, Vanessa Sardinha dos. **10 dúvidas comuns sobre o sarampo.** Brasil Escola. Disponível em: https://brasilescola.uol.com.br/saude-na-escola/10-duvidas-comuns-sobre-sarampo.htm. Acesso em: 20 dez. 2022.

UNICEF. **Aleitamento materno.** Disponível em: https://www.unicef.org/brazil/aleitamento-materno. Acesso em: 21 dez. 2022.

VIEIRA, Paulo. **O poder da ação:** faça sua vida ideal sair do papel. São Paulo: Editora Gente, 2020. p. 64-66.